Οι Επίορκοι

Κωνσταντίνος Ασημακόπουλος

ΑΘΗΝΑΙ 2015

Υπογραφή Συγγραφέως

Κ. Ασημακόπουλος

Πίνακας εριεχομένων

Βιογραφία

Ο Κ. Ασημακόπουλος γεννήθηκε στην Αθήνα το 1954. Κατοικεί στο Δήμο Παπάγο από το 1966. Το 1983 αποφοίτησε από το Πανεπιστήμιο Πειραιώς τμήμα ΟΔΕ. Εργάστηκε επί 10ετία σε λογιστήριο Ανώνυμης Εταιρίας. Μέλος του Ο.Ε.Ε. Το 2013 αποφοίτησε από το ΕΚΠΑ τμήμα Ψυχολογίας. Μέλος του Σ.Ε.Ψ. και του Ε.F.P.A.

E-mail: bee.konstantin@gmail.com

Αφιερωμένο στον Κανένα

και σε όλους.

Ας γίνει αυτό το βιβλίο το ευαγγέλιο για κάθε επιστήμονα και για τους απλούς ανθρώπους, απανταχού της οικουμένης.

Ημερ: Ιαν. / 2014

κ. Εισαγγελέα,

Όταν τέλειωσα το εξατάξιο Γυμνάσιο ζήτησα από τον θείο μου -ο οποίος εργαζόταν σε Τράπεζα- να μου βρει μια εργασία σε Τράπεζα. Ήταν μια προσπάθεια, όπως την καταλαβαίνω σήμερα, να κρατηθώ υγιές. Μετά το γυμνάσιο το άγχος άρχισε να φουντώνει μέσα μου. Πράγματι ο θείος μου μου βρήκε εργασία σε μια Ξένη Τράπεζα. Εργάστηκα στην Τράπεζα για 7 μήνες και ξαφνικά κατέρρευσα. Όλα μαυρίσανε μέσα μου. Αναγκάστηκα να παραιτηθώ από την Τράπεζα και η δικαιολογία μου στον διευθυντή ήταν ότι παραιτούμαι από την Τράπεζα γιατί ήθελα να σπουδάσω στο Πανεπιστήμιο. Ο πραγματικός λόγος που παραιτήθηκα από την Τράπεζα ήταν διότι δεν μπορούσα να κάνω μερικά βήματα έξω από το σπίτι μου να πάρω το λεωφορείο και να κατέβω στην εργασία μου , πολύ δε μάλλον να μπορέσω να εργασθώ. Αφού παραιτήθηκα από την Τράπεζα πήγα για περίπου 10 ημέρες διακοπές σε ένα νησί για να χαλαρώσω. Όταν επέστρεψα από τις διακοπές μου ζήτησα από τον πάτερα μου να μου βρει ένα γιατρό νευρολόγο-ψυχίατρο γιατί χρειαζόμουν βοήθεια. Ο πατέρας μου υποστράτηγος ε. α. απευθύνθηκε σε ένα οικογενειακό γιατρό, παθολόγο - όταν λέγω οικογενειακός γιατρός εννοώ 1-2 επισκέψεις κάθε 2-3 χρονιά κανένα συνάχι, κρυολόγημα κλπ. - ο οποίος παθολόγος ήταν στρατιωτικός γιατρός σμηναγός.

Εκείνη την εποχή ήταν η δικτατορία των συνταγματαρχών. Το 1972 τελείωσα το εξατάξιο Γυμνάσιο, τον Οκτώβρη του ιδίου έτους άρχισα να εργάζομαι στην Τράπεζα και αρχές Μαΐου του 1973 παραιτήθηκα από την Τράπεζα γιατί αρρώστησα και τότε τον Μάιο του 1973 ζήτησα την βοήθεια νευρολόγου-ψυχίατρου. Το όνομα του παθολόγου στρατιωτικού γιατρού σμηναγού εε. Εκείνη την εποχή ήταν Γεώργιος Ψημένος. Ο παθολόγος λοιπόν μου συνέστησε ένα νευρολόγο-ψυχίατρο τον Δημήτριο Κυριαζή που ήταν επίσης υποσμηναγός του υγειονομικού της Αεροπορίας. Όπως μου είπε ο παθολόγος ο Γ. Ψημένος όταν τον επισκέφθηκα σπίτι του εδώ στου Παπάγου -διαμένω στου Παπάγου από το 1966- ο Δ. Κυριαζής ο νευρολόγος-ψυχίατρος ήταν ένας μοντέρνος γιατρός και μου συνέστησε να μην πω στο ραντεβού μου με το Δ. Κυριαζή πολλά παράπονα για τον πατέρα μου. Στο πρώτο μου ραντεβού με τον υποσμηναγό Δ. Κυριαζή νευρολόγο-ψυχίατρο-το ιατρείο του ήταν κοντά στην Αμερικάνικη Πρεσβεία οδός Λούρου -παραπονιόμουνα στο γιατρό για ένα πολύ μεγάλο άγχος που ένιωθα. Ο Δ. Κυριαζής διέγνωσε κατάθλιψη και μου χορήγησε ένα αντικαταθλιπτικό φάρμακο το Saroten για 3 μήνες. Επίσης από το πρώτο ραντεβού ο Δ. Κυριαζής μου είπε ότι παρατήρησε ότι έχω μια πάρα πολύ μεγάλη δυσκολία στο να εκφράζω τα συναισθήματα μου και με ερώτησε το γιατί. Επίσης ο Δ. Κυριαζής μου συνέστησε να αρχίσω ψυχανάλυση μαζί του ένα ραντεβού κάθε εβδομάδα για 20 συνεδρίες αρχικά και μου είπε ότι θα γινόμουν καλά.

Η ψυχανάλυση είναι θεραπεία δια του λόγου, προσπαθεί να εξηγήσει το γιατί συμβαίνουν αυτά που συμβαίνουν στον ασθενή και από μόνη της η εξήγηση το γιατί των συμπτωμάτων του ασθενούς για παράδειγμα γιατί αισθάνομαι τόσο μεγάλο άγχος έχει από μόνο του θεραπευτικό αποτέλεσμα. Η ψυχανάλυση ενδείκνυται για ελαφρές περιπτώσεις π. χ. νευρώσεις και όχι παντού. Στο βιβλιάριο μου ο Δ. Κυριαζής έγραφε αγχώδης νεύρωση. Μου είπε επίσης ο Δ. Κυριαζής ότι εγώ πρέπει να προβληματισθώ από μόνος μου για να καταλάβω γιατί αισθάνομαι τόσο άγχος και στρες. Σε μια από τις πρώτες συνεδρίες με τον Δ. Κυριαζή ο Δ. Κυριαζής με ερώτησε ποια πιστεύω ότι είναι η πηγή του άγχους μου. Εγώ του απάντησα ότι η πηγή του άγχους μου είναι ο πατέρας μου. Σε μια άλλη συνεδρία ο Δ. Κυριαζής μου είπε ότι το πρόβλημα μου είναι συναισθηματικό. Από τις πρώτες κιόλας συνεδρίες ο Δ. Κυριαζής μου είπε ότι όλο το πρόβλημα της υγείας μου είναι ένα συναισθηματικό μπέρδεμα με τον πατέρα μου. Σε μια άλλη συνεδρία ο Δ. Κυριαζής μου είπε ότι η θεραπεία μου θα είναι η συναισθηματική υποστήριξη. Παραπονιόμουνα επίσης στον Δ. Κυριαζή ότι είχα πολύ μεγάλο άγχος γιατί φοβόμουνα ότι οι άλλοι άνθρωποι θα με απορρίψουν, θα με κοροϊδέψουν κλπ. Ο Δ. Κυριαζής μου απάντησε ότι εγώ ήμουνα αυτός που απέρριπτε τους άλλους ανθρώπους. Σε μια άλλη συνεδρία ο Δ. Κυριαζής μου παρατήρησε ότι πνίγομαι σε μια γουλιά νερό. Επίσης ο Δ. Κυριαζής μου συνέστησε να εκφράζω τα συναισθήματα μου προς τον πατέρα μου γιατί αυτή καθαυτή η μη έκφρασης συναισθημάτων προκαλεί φόβο. Ακολουθώντας την συμβουλή του Δ. Κυριαζή στο να εκφράζω τα συναισθήματα μου προς τον πατέρα μου, πίεζα τον εαυτό μου και αυτό είχε σαν συνέπεια να λογομαχώ με τον πατέρα μου 2-3 φορές την εβδομάδα για 2-3 λεπτά της ώρας. Μετά την λογομαχία με τον πατέρα μου πήγαινα στο δωμάτιο του πατέρα μου όπου τον έβλεπα ξαπλωμένο στο κρεββάτι του και του ζητούσα συγνώμη γιατί με την λογομαχία μου τον είχα στεναχωρήσει, τον είχα αναστατώσει και τον είχα διαλύσει. Ανέφερα δε αυτό το γεγονός στον Δ. Κυριαζή και έλαβα την σιωπή του προς απάντηση μου. Σε μια άλλη συνεδρία ο Δ. Κυριαζής μου είπε ότι έχω μπει σε ένα φαύλο κύκλο όπου στριφογυρίζω και μου δημιουργεί το άγχος και δεν μπορώ να δω φως και να βγω έξω από τον φαύλο κύκλο. Μου συνέχισε ο Δ. Κυριαζής ότι κάποια έμμεση επιθετικότητα θα πρέπει να έκανα προς τον πατέρα μου και η οποία μου δημιουργεί άγχος και ότι αυτός είναι ο φαύλος κύκλος που έχω πέσει μέσα. Εγώ του απάντησα ότι δεν έχω καμία έμμεση επιθετικότητα προς τον πατέρα μου, ο Δ. Κυριαζής όμως επέμενε. Σε μια άλλη συνεδρία ο Δ. Κυριαζής μου είπε ότι έχω προβλήματα εξουσίας. Επίσης σε μια άλλη συνεδρία ο Δ. Κυριαζής μου είπε ότι έχω ευαισθησία στις πιέσεις. Εγώ συνέχισα να παραπονιέμαι στον Δ. Κυριαζή για το πολύ μεγάλο άγχος μου και του είπα σε μια συνεδρία ότι το άγχος μου δεν είναι ψυχολογικό αλλά ότι είναι βιολογικό. Μάλιστα πήγα και έκανα εξετάσεις θυρεοειδούς μήπως το άγχος μου προερχόταν από βιολογική αιτία και καρδιογράφημα. Και οι δυο εξετάσεις ήταν φυσιολογικές. Επίσης έκανα εγγραφή σε ένα Κολλέγιο στην Αθήνα για σπουδές στα οικονομικά. Συνέχιζα να καταβάλω πολύ μεγάλη προσπάθεια για να βγαίνω έξω από το σπίτι μου και να πηγαίνω στα ραντεβού με τον Δ. Κυριαζή και να παρακολουθώ τα μαθήματα του Κολλεγίου. Η λειτουργικότης μου είχε πέσει πάρα πολύ χαμηλά. Ο Δ. Κυριαζής δεν έδειχνε να ανησυχεί ιδιαίτερα για την κατάσταση της υγείας μου, ενώ εγώ <σερνόμουνα> κυριολεκτικά για να παρακολουθήσω τα μαθήματα του Κολλεγίου για μετέπειτα σπουδές στην Μ. Βρετανία. Σε μια από τις πρώτες συνεδρίες ανέφερα στον Δ. Κυριαζή το εξής περιστατικό. Ένα πρωί που ήμουνα στο κέντρο της Αθήνας κατέβαινα με τα πόδια την Β. Σοφίας έξω από τα ανθοπωλεία μπροστά μου έβλεπα το Ξενοδοχείο Μ. Βρετανία. Τότε για μια στιγμή νόμισα ότι το ξενοδοχείο κατέρρεε και τα συντρίμμια του πέτρες, τούβλα, σίδερα πέφτανε επάνω μου. Βέβαια έχουν περάσει 40 χρόνια από τότε και το ξενοδοχείο Μ. Βρετανία παραμένει στη θέση του. Και χωρίς να είμαι πολιτικός μηχανικός πιστεύω ότι το ξενοδοχείο Μ. Βρετανία θα εξακολουθεί να παραμένει στη θέση του για αλλά 300 χρόνια τουλάχιστον. Όταν ανέφερα το γεγονός αυτό στον Δ. Κυριαζή έλαβα την σιωπή του προς απάντηση μου. Οι μήνες περνούσαν , τα χρόνια περνούσαν και εγώ εξακολουθούσα να έχω πολύ μεγάλο άγχος. Σε μια άλλη συνεδρία ο Δ. Κυριαζής μου είπε ότι θα ήθελε να του αναφέρω κανένα όνειρο που έβλεπα. Μια ημέρα με επισκέφθηκε στο σπίτι μου ένας ξάδερφος μου συμμαθητής μου από το δημοτικό σχολείο και μου συνέστησε να δώσω εξετάσεις στο Ελληνικό Πανεπιστήμιο. Ήμουνα πολύ καλός μαθητής στο Γυμνάσιο και έτσι με 3 μήνες φροντιστήριο πέτυχα στο Πανεπιστήμιο Πειραιώς στο τμήμα διοίκησης επιχειρήσεων το 1975. Λόγω του πολύ μεγάλου άγχους μου δεν κατέβαινα στον Πειραιά για να παρακολουθώ τα μαθήματα μου -μόνον για να δώσω γραπτές εξετάσεις και να δω την βαθμολογία μου- αλλά παρακολουθούσα ιδιωτικό φροντιστήριο για τα μαθήματα της Σχολής στο κέντρο της Αθήνας μαζί με άλλους συμφοιτητές μου. Σε μια άλλη συνεδρία ο Δ. Κυριαζής μου παρατήρησε ότι έχω ένα ιδιαίτερο φόβο προς τις γυναίκες και μου συνέστησε να βρω μια φιλενάδα. Με ερώτησε μάλιστα ο Δ. Κυριαζής μήπως φοβάμαι ότι οι άλλες γυναίκες θα είναι και αυτές γκρινιάρες σαν την μητέρα μου. Πράγματι βρήκα μια φιλενάδα, η σχέση μας κράτησε για 2 περίπου χρόνια, μια φυσιολογική σχέση. Στο τέλος της σχέσης μας όμως από μια απροσεξία κατέστησα την φιλενάδα μου έγκυο. Και ενώ διάβαζα στη εφημερίδα ότι εκείνη την εποχή το 1976 γινόντουσαν 300. 000 περίπου αμβλώσεις στην Ελλάδα κάθε χρόνο, ο Δ. Κυριαζής με κατηγόρησε ότι σκοπίμως κατέστησα την φιλενάδα μου έγκυο. Θέλατε και την γκαστρώσατε μου είπε ο Δ. Κυριαζής. Βέβαια έγινε άμβλωση γιατί εγώ ήμουνα ράκος από το πρόβλημα της υγείας μου και το μόνον που μου έλειπε ήταν οι υποχρεώσεις της γυναίκας μου και του παιδιού μου. Σε μια άλλη συνεδρία ο Δ. Κυριαζής μου σφύριξε αυστηρά <η θεραπεία, θεραπεία και το άγχος , άγχος κ.

Ασημακόπουλε>. Ζητούσε δηλαδή και τα ρέστα ο Δ. Κυριαζής... Επίσης σε αρκετές συνεδρίες ο Δ. Κυριαζής με ερωτούσε ποια νόμιζα ότι είναι η πηγή της επιθετικότητας μου. Σε μια άλλη συνεδρία ο Δ. Κυριαζής μου είπε <για σταθείτε κ. Ασημακόπουλε σαν ίσος προς ίσος δεν μιλούμε εδώ μέσα>. Εγώ συνέχιζα -περάσανε χρόνια- να διαμαρτύρομαι στον Δ. Κυριαζή για πολύ μεγάλο άγχος και ότι φοβόμουνα να περπατήσω στον δρόμο γιατί νόμιζα ότι οι άλλοι άνθρωποι θα με απορρίψουν, θα με κοροϊδέψουν, κλπ. και ο Δ. Κυριαζής μου απάντησε <για σταθείτε κ. Ασημακόπουλε δεν έχετε γνώμη για τον εαυτόν σας>. Σε μια άλλη συνεδρία ο Δ. Κυριαζής μου είπε ότι με το πρώτο εμπόδιο σηκώνω τα χέρια ψηλά. Σε μια άλλη συνεδρία ο Δ. Κυριαζής μου είπε <δεν αφήνετε τον εαυτόν σας να δει άσπρη μέρα κ. Ασημακόπουλε>. Σε μια άλλη συνεδρία ο Δ. Κυριαζής μου είπε ότι αισθάνομαι τους άλλους ανθρώπους σαν απειλές. Σε μια άλλη συνεδρία είπα στον Δ. Κυριαζή ότι είχα μεγάλο άγχος ότι ο πατέρας μου θα με έδιωχνε από το σπίτι. Μάλιστα έβαλα τον πατέρα μου να μου υπογράψει σε ένα χαρτί ότι θα με κρατούσε στο σπίτι όσο καιρό σπούδαζα στο Πανεπιστήμιο. Σε μια άλλη συνεδρία ο Δ. Κυριαζής μου παρατήρησε πόσο πολύ υποτιμώ τον εαυτόν μου. Σε μια άλλη συνεδρία είπα στον Δ. Κυριαζή ότι το ηθικόν μου, το κουράγιο μου δεν είναι απλώς μηδενικό αλλά αρνητικό. Σε μια άλλη συνεδρία είπα στον Δ. Κυριαζή ότι ενώ ήμουνα 22 χρονών και θα έπρεπε να πιάνω την πέτρα και να της βγάζω ζουμί εγώ έλιωνα σαν το κερί. Σε μια άλλη συνεδρία ο Δ. Κυριαζής

14

μου είπε γιατί δεν βρίσκω μια εργασία να κερδίζω μόνος μου χρήματα και έτσι να ανεξαρτοποιηθώ <το μαχαίρι και το καρβέλι> μου είπε ο Δ. Κυριαζής. Εγώ του απάντησα ότι και στο να βρω μια εργασία και να εργασθώ έχω και εκεί ένα πολύ μεγάλο άγχος. Σε μια άλλη συνεδρία είπα στον Δ. Κυριαζή ότι έχω πάθει φοβία, ανθρωποφοβία. Σε μια άλλη συνεδρία ο Δ. Κυριαζής μου συνέστησε να πάρω ένα αγχολυτικό φάρμακο το minitran για 2 μήνες. Σε μια άλλη συνεδρία θα ήταν το έτος 1976 είπα στον Δ. Κυριαζή ότι κατά την διάρκεια μιας ορθοπεδικής εγχείρησης στο χέρι μου στο νοσοκομείο ΝΙΜΙΤΣ –για την οποία επέμβαση ήταν από πριν ενήμερος ο Δ. Κυριαζής- κατά την διάρκεια της νάρκωσης μου σταμάτησε να κτυπά η καρδιά μου. Οι χειρουργοί αναγκάστηκαν να μου κάνουν 2 ενέσεις για να μπορέσει να ξανακτυπήσει η καρδιά μου όπως με ενημέρωσαν μετά την επέμβαση. Ο Δ. Κυριαζής όταν του ανέφερα το γεγονός με κοίταξε αδιάφορα λες και δεν είχε να κάνει τίποτα το πρόβλημα της ψυχικής μου υγείας με το σταμάτημα της καρδιάς μου, λες και ήταν ένα τυχαίο γεγονός. Εδώ ο κόσμος χανότανε και ο Δ. Κυριαζής χτενιζότανε! Μια μέρα συνέβη το εξής. Είχα δει στον κινηματόγραφο την ταινία <η φωλιά του κούκου>, περιέγραφε την κατάσταση σε μια ψυχιατρική κλινική και στο τέλος της ταινίας η γιατρός της ψυχιατρικής κλινικής έκανε λοβοτομή στον πρωταγωνιστή του έργου γιατί τον έκρινε επικίνδυνο. Η λοβοτομή είναι μια εγχείρηση στον προμετωπιαίο λοβό γινόταν παλιά σε πολύ επικίνδυνους ψυχοπαθείς. Μετά από ένα διάστημα 2-3 εβδομάδων από τότε που είδα αυτό το κινηματογραφικό έργο μου γεννήθηκε η σκέψη ότι ο Δ. Κυριαζής ήθελε να μου κάνει λοβοτομή. Δεν ήταν μόνον η σκέψη της λοβοτομής αλλά το συναισθηματικό στοιχείο. Τρόμος! Ποιο συγκεκριμένα καθόμουνα στο γραφείο του σπιτιού μου και πίστευα ότι από στιγμή σε στιγμή θα έρθει το ασθενοφόρο με τους νοσοκόμους οι οποίοι θα με έπαιρναν με τη βία από το σπίτι μου και θα με πήγαιναν να μου κάνουν λοβοτομή. Τρόμος! Ανέφερα αυτό το γεγονός στον Δ. Κυριαζή και ο Δ. Κυριαζής με ερώτησε αν αυτό που φοβάμαι είναι ότι θα μου κόψη το πέος. Σε μια άλλη συνεδρία είπα στον Δ. Κυριαζή ότι αισθάνθηκα την θεραπεία του σαν να μου έβαλε δυναμίτη στην καρδιά μου και να μου τίναξε την καρδιά μου σε χίλια κομμάτια. Άρχισα να φωνάζω στον Δ. Κυριαζή ότι έχει κάνει λάθος θεραπεία. Του είπα επίσης ότι κάτω από όλα τα συμπτώματα που μου περιέγραφε υπάρχει μια κοινή αιτία στο πρόβλημα μου, ένας κοινός παρονομαστής. Συνέχιζα να παραπονιέμαι στον Δ. Κυριαζή για λάθος θεραπεία και του είπα ότι αν εγώ ήμουνα στη θέση του και είχα κάνει τέτοια θεραπεία θα πάγαινα και θα γινόμουνα μπακάλης. Του είπα επίσης να πάει να κοιταχτεί σε ένα συνάδερφο του. Ο Δ. Κυριαζής στην προτελευταία συνεδρία μου είπε ότι θα αναγκαζόταν να διακόψει την θεραπεία γιατί θα έφευγε στη Αμερική για μεταπτυχιακά. Είχα κάνει με τον Δ. Κυριαζή 3,5 χρόνια <θεραπείας> πάνω από 120 συνεδρίες. Τότε ζήτησα από τον Δ. Κυριαζή να μου συστήσει ένα συνάδερφο του για να συνεχίσω την θεραπεία μου. Ο Δ. Κυριαζής μου συνέστησε 3

16

νευρολόγους-ψυχίατρους. Τον Ιωάννη Τσιαντή, την Αλεξανδρή Αθηνά και τον Γρηγόριο Σιωμοπούλο.

Πρέπει να σας πω ότι κατά την διάρκεια της <θεραπείας> μου με τον Δ. Κυριαζή είπα στον Δ. Κυριαζή ότι αισθάνομαι ένα μεγάλο θυμό εναντίον εκείνων των ανθρώπων που νομίζω ότι με κυττάζουν απορριπτικά κλπ. στο δρόμο και στο λεωφορείο, θυμό όμως που δεν εξωτερικεύω , δεν δείχνω τίποτα γιατί καταλαβαίνω ότι αντικειμενικά δεν έχω δίκιο. Ο Δ. Κυριαζής μου απάντησε ότι δεν έχω πάρει συναίσθημα από τους γονείς μου όταν ήμουνα σε μικρή ηλικία και τώρα που μεγάλωσα νομίζω ότι οι άλλοι άνθρωποι δεν με αγαπούν.

Μετά 1-2 εβδομάδες αφότου διέκοψα την θεραπεία μου με τον Δ. Κυριαζή πήρα τηλέφωνο τον Ι. Τσιαντή και του ζήτησα ραντεβού. Το ιατρείο του ήταν στην οδό Καψάλη στο Κολωνάκι. Το έτος τότε ήταν 1977. Στο κουδούνι της πολυκατοικίας του έγραφε ότι ήταν τμηματάρχης στο νοσοκομείο Αγ. Σοφία και είχε τελειώσει τα μεταπτυχιακά του στην Αγγλία. Είχα καταρρεύσει. Κατά την διάρκεια της συνεδρίας μου με τον Ι. Τσιαντή είπα στον Ι. Τσιαντή ότι φοβόμουνα ότι αυτός ο Ι. Τσιαντής δηλαδή θα μου κάνει λοβοτομή και του είπα επίσης ότι έχει γίνει λάθος θεραπεία με τον Δ. Κυριαζή και ότι εγώ πιστεύω ότι μπορώ να γίνω τελείως καλά. Σε μια στιγμή ο Ι. Τσιαντής με ερώτησε δηλαδή εκεί που περπατάτε στο κέντρο της Αθήνας κ. Ασημακόπουλε σας συμβαίνει ξαφνικά να <πετρώνετε> από τον φόβο σας. Ακριβώς γιατρέ ήταν η απάντηση μου. Ο Ι. Τσιαντής μου είπε ότι δεν μπορεί να κάνει θεραπεία μαζί μου γιατί ήταν παιδοψυχίατρος. Εγώ τότε το 1977 ήμουν 23 ετών. Είπα επίσης στον Ι. Τσιαντή ότι κατά την διάρκεια μιας ορθοπεδικής επέμβασης στο χέρι μου κατά την διάρκεια της νάρκωσης σταμάτησε να κτυπά η καρδιά μου. Ζήτησα από τον Ι. Τσιαντή να μου συστήσει ένα νευρολόγο-ψυχίατρο για να συνεχίσω την θεραπεία μου γιατί κατάλαβα ότι ο Ι. Τσιαντής είχε καταλάβει το πρόβλημα της υγείας μου. Ο Ι. Τσιαντής μου συνέστησε τον Κων. Παναγιωτακόπουλο του οποίου το ιατρείο ήταν σε μια πάροδο δίπλα από την Αμερικανική Πρεσβεία. Με τον Κ. Παναγιωτακόπουλο έκανα συνολικά περίπου 18 συνεδρίες. Είπα στον Κ. Παναγιωτακόπουλο ότι φοβάμαι ότι δηλαδή αυτός ο Κ. Παναγιωτακόπουλος θα μου έκανε λοβοτομή. Ο Κ. Παναγιωτακόπουλος μου είπε ότι πρόκειται για ψύχωση και ότι για να γίνει λοβοτομή σε ένα ασθενή χρειάζεται και ο ασθενής να υπογράψει να δώσει τη συγκατάθεση του. Είπα επίσης στον Κ. Παναγιωτακόπουλο ότι αισθάνομαι ότι η καρδιά μου αιμορραγεί. Ο Κ. Παναγιωτακόπουλος μου απάντησε ότι έχω ψυχοτραυματισθεί σε μικρή ηλικία . Εγώ τότε του απάντησα ότι η αιμορραγία έχει να κάνει με το σήμερα με το τώρα. Επίσης διαμαρτυρόμουνα στον Κ. Παναγιωτακόπουλο ότι είχε γίνει λάθος θεραπεία με τον Δ. Κυριαζή και τον ήθελα να είναι αντικειμενικός στην διάγνωση μου και στην θεραπεία μου. Είπα επίσης στον Κ. Παναγιωτακόπουλο ότι η καρδιά μου κτυπά τόσο γρήγορα και δυνατά –από την ταραχή μου-που φοβάμαι ότι θα βγω έξω από το στήθος μου και τότε θα του την δείξω να μου πει που βλέπει την επιθετικότητα μου. Είπα επίσης στον Κ. Παναγιωτακόπουλο ότι αισθάνομαι μια ενοχή απέναντι στον πατέρα μου, ότι δηλαδή νομίζω ότι στεναχωρώ και διαλύω τον πατέρα μου. Είπα επίσης στον Κ. Παναγιωτακόπουλο ότι πιστεύω ότι μπορώ να γίνω τελείως καλά. Μερικές από τις συνεδρίες με τον Κ. Παναγιωτακόπουλο γίνανε και στο σπίτι του στην Αγ. Παρασκευή όπου έβλεπε και άλλους ασθενείς του. Αναγκάστηκα να διακόψω μετά από 18 συνεδρίες τον Κ. Παναγιωτακόπουλο γιατί απλούστατα δεν έβλεπα καμία θεραπεία. Μετά τον Κ. Παναγιωτακόπουλο πήγα στην νευρολόγο-ψυχίατρο Αλεξανδρή Αθηνά που μου είχε συστήσει ο Δ. Κυριαζής και το ιατρείο της ήταν στην οδό Λούρου, μια πολυκατοικία δίπλα από το ιατρείο του Δ. Κυριαζή. Είπα στην Αλεξανδρή Αθηνά ότι έχει γίνει λάθος θεραπεία με τον Δ. Κυριαζή και της ζήτησα να κάνω θεραπεία μαζί της. Της παραπονιόμουνα της Αλεξανδρής Αθηνάς για ένα πολύ μεγάλο άγχος. Η Αλεξανδρή Αθηνά μου απάντησε ότι δεν μπορεί να κάνει θεραπεία μαζί μου και μου σύστησε τον Καζαμία και τον Σακελλαρόπουλο 2 νευρολόγους-ψυχίατρους. Μετά την Αλεξανδρή Αθηνά επισκέφθηκα στο ιατρείο του τον παθολόγο Γ. Ψημμένο του Είπα ότι έχει γίνει λάθος θεραπεία με τον Δ. Κυριαζή. Ο Γ. Ψημμένος έδειξε ότι ταράχτηκε λίγο. Ζήτησα από τον Γ. Ψημμένο να μου συστήσει ένα νευρολόγο-ψυχίατρο για να συνεχίσω την θεραπεία μου. Ο Γ. Ψημμένος μου συνέστησε τον Γρηγόρη Σιωμοπούλο-άλλο σμηναγό ε. ε. -αυτόν που μου είχε συστήσει και ο Δ. Κυριαζής και μου είπε ότι ο Γρ. Σιωμόπουλος ήταν πολύ δυνατός. Με τον

Γρ. Σιωμόπουλο έκανα το 1978 , 17 συνεδρίες. Εγώ εξακολουθούσα να <σέρνομαι> από το πολύ μεγάλο άγχος μου, από τον φόβο και την κατάθλιψη. Είπα στον Γρ. Σιωμόπουλο για τον φόβο μου για την λοβοτομή και ότι είχε γίνει λάθος θεραπεία με τον Δ. Κυριαζή. Το ιατρείο του Γρ. Σιωμόπουλου ήταν επί της οδού Β. Σοφίας απέναντι περίπου από την Αμερικανική Πρεσβεία. Στην διάρκεια μιας συνεδρίας με τον Γρ. Σιωμόπουλο του είπα ότι έχω ένα φόβο μήπως με κατηγορήσει ο ίδιος μου ο εαυτός για την επιθετικότητα μου. Είπα επίσης στον Γρ. Σιωμόπουλο ότι μια μέρα που καθόμουν μόνος μου στο δωμάτιο μου, στο σπίτι μου είπα με σιγανή φωνή τον πατέρα μου <κτήνος>. Τότε η λέξη αυτή που είπα για τον πατέρα μου <κτήνος> μόλις βγήκε από το στόμα μου έκανε ένα ημικύκλιο και κατευθύνθηκε στη καρδιά μου λες και το <κτήνος> ήμουν εγώ. Σε μια άλλη συνεδρία ο Γρ. Σιωμόπουλος προσπαθώντας να ερμηνεύσει το <γιατί> το σύμπτωμα μου, μια συμπεριφορά μου μου έκανε μια τέτοια λάθος ανάλυση που αισθάνθηκα ότι με οδηγούσε για μια στιγμή στην τρελά. Αντί δηλαδή ο Γρ. Σιωμόπουλος να καταπράυνε το άγχος μου, τον φόβο μου κλπ. τα αύξησε. Στο τέλος αναγκάστηκα μετά από 17 συνεδρίες μαζί του να διακόψω την θεραπεία γιατί όχι μόνον δεν μου έκανε καλό αλλά με χειροτέρευε κιόλας. Ο Γρ. Σιωμόπουλος είπε ότι ήμουν παρανοϊκή προσωπικότητα –με μια λέξη αυτό σημαίνει ότι πιστεύω ότι οι άλλοι άνθρωποι με καταδιώκουν και θέλουν το κακό μου -μου είπε ότι είμαι οριακή προσωπικότητα κατά τον Kornberg -δηλαδή ότι νομίζω ότι οι άλλοι

20

άνθρωποι είναι τελείως καλοί η τελείως κακοί -ότι έχω αγχώδη, φοβικά συμπτώματα και ότι είμαι ψυχαναγκαστικός -ότι δηλαδή θέλω να έχω τον απόλυτο έλεγχο της κατάστασης- και εξ αυτού του λόγου σταματώ την θεραπεία μου μαζί του. Δεν έφταιγε δηλαδή ο Δ. Κυριαζής με την επί 3,5 χρόνια λάθος θεραπεία του, δεν φταίγανε οι άλλοι συγκεκριμένοι γιατροί που σας προανέφερα, δεν έφταιγε ο ίδιος ο Γρ. Σιωμόπουλος που συνέχιζε την λάθος θεραπεία και επί τα χείρω αλλά έφταιγα εγώ. Ζητούσε δηλαδή ο Γρ. Σιωμόπουλος και τα ρέστα... Μετά τον Γρ. Σιωμόπουλο έψαξα από τον τηλεφωνικό κατάλογο και βρήκα ένα νευρολόγο-ψυχίατρο τον Σόλωνα Βέρα στα Εξάρχεια -γιατί ήθελα ένα αντικειμενικό γιατρό, να κάνει αντικειμενική διάγνωση και θεραπεία. Με τον Σόλωνα Βέρα έκανα 3 συνεδρίες. Στην πρώτη συνεδρία Είπα στον Σ. Βέρα για τον φόβο μου για την λοβοτομή, για το πολύ μεγάλο μου άγχος και ότι έχει γίνει λάθος θεραπεία με τους προηγούμενους γιατρούς. Ο Σ. Βέρας μου είπε ότι ο προβληματισμός μου με το πρόβλημα της υγείας μου, η προσπάθεια μου για αυτοανάλυση το μόνο που πετυχαίνει είναι να αυγατίζει την ψυχονεύρωση. Μου είπε ότι δεν μπορεί να κάνει θεραπεία μαζί μου και όταν τον χαιρέτησα μου έδωσε ένα φυλλάδιο που είχε γράψει ο ίδιος και το οποίο περιέγραφε —από την μια ματιά που έριξα στο φυλλάδιο όταν επέστρεψα σπίτι μου -ότι θεράπευσε μια σχιζοφρενή ασθενή του πηγαίνοντας κοντά της και κάθισε δίπλα στο κρεβάτι της ασθενούς του. Μετά τον Σ. Βέρα έψαξα πάλι στον τηλεφωνικό

21

κατάλογο και βρήκα το όνομα ενός νευρολόγου-ψυχίατρου του Ιωάννη Παναγιωτοπούλου που το ιατρείο του ήταν Πατριάρχου Ιωακείμ στο Κολωνάκι, γιατί όπως σας είπα και ενωρίτερον ήθελα ένα αντικειμενικό γιατρό να κάνει αντικειμενική διάγνωση και θεραπεία. Κατόπιν τηλεφωνικού ραντεβού τον επισκέφθηκα τον Ι. Παναγιωτόπουλο στο ιατρείο του του είπα ότι είχα μεγάλο φόβο για την λοβοτομή, ότι αισθανόμουνα ένα πολύ μεγάλο άγχος, ενοχή προς τον πατέρα μου και ότι είχα κάνει λάθος θεραπεία. Ο Ι. Παναγιωτόπουλος μου πρότεινε να κάνω ένα τεστ προσωπικότητας -το οποίο έκανε η σύζυγος του ψυχολόγος και αυτή- και όπως μου είπε το τεστ προσωπικότητας θα δείξει το πρόβλημα της υγείας μου. Το τεστ αυτό ήταν το Rorschach τεστ προσωπικότητας όπως είμαι εις θέση να γνωρίζω σήμερα. Το αποτέλεσμα λοιπόν του τεστ προσωπικότητας ήταν ότι αισθανόμουνα ένα ισχυρότατο φόβο. Σε μια άλλη συνεδρία ο Ι. Παναγιωτόπουλος μου είπε <επίθεση με αγάπη>. Με τον Ι. Παναγιωτόπουλο έκανα 6-7 συνεδρίες και αναγκάστηκα να διακόψω γιατί απλούστατα δεν υπήρξε μετά το τεστ καμία θεραπεία, αρκέστηκε δηλαδή ο Ι. Παναγιωτόπουλος να μου πει ότι αισθάνομαι ένα ισχυρότατο φόβο χωρίς να επακολουθήσει καμία θεραπεία. Μετά τον Ι. Παναγιωτόπουλο πήρα στο τηλέφωνο τον Σακελλαρόπουλο αυτόν που μου είχε συστήσει η Α. Αλεξανδρή το ιατρείο του ήταν επί της οδού Σουηδίας στο Κολωνάκι και του ζήτησα θεραπεία. Ο Σακελλαρόπουλος μου απάντησε από το τηλέφωνο ότι το

22

πρόγραμμα του ήταν πολύ φορτωμένο και δεν μπορούσε να κάνει μαζί μου θεραπεία. Μετά πήρα στο τηλέφωνο τον Καζαμία αυτόν που μου είχε συστήσει επίσης η Α. Αλεξανδρή. Το ιατρείο του ήταν στο Κολωνάκι δίπλα από το νοσοκομείο Ευαγγελισμός. Τον Καζαμία τον είδα μόνον μια φορά του μίλησα για το πολύ μεγάλο άγχος μου , για το ότι είχε γίνει λάθος θεραπεία και ο Καζαμίας μου απάντησε ότι δεν μπορεί να κάνει θεραπεία μαζί μου. Μετά ο πατέρας μου μου σύστησε ένα νευρολόγο-ψυχίατρο το όνομα του ήταν Κάπρος και το ιατρείο του ήταν σε μια πάροδο της Ρηγίλλης. Τον επισκέφθηκα του Είπα για το πολύ μεγάλο άγχος μου, για τον φόβο μου της λοβοτομής και ότι έχει γίνει λάθος θεραπεία. Ο Κάπρος μου απάντησε ότι αισθάνομαι τους άλλους ανθρώπους σαν γονικά υποκατάστατα και μου συνέστησε να κάνω 45 ημέρες υπνοθεραπεία σε μια νευρολογική κλινική. Μετά τον Κάπρο, επισκέφθηκα στο ιατρείο του τον Σακελλαρόπουλο είχε τότε μεταφερθεί το ιατρείο του στου Μετς του μίλησα για λάθος θεραπεία και ο Σακελλαρόπουλος μονολόγησε σε μια στιγμή <ο Μίμης> εννοώντας τον Δ. Κυριαζή. Μου είπε επίσης ο Σακελλαρόπουλος ότι δεν μπορεί να κάνει θεραπεία μαζί μου και ότι χρειαζόμουνα κλασσική θεραπεία. Μετά τον Σακελλαρόπουλο επισκέφθηκα τον Ι. Τσιαντή το ιατρείο του είχε μεταφερθεί σε μια πάροδο του ξενοδοχείου Hilton και ο Τσιαντής μου απάντησε <έχουν πέσει πολλές στοιβάδες πάνω στην ψυχή σου> και μου είπε ότι δεν μπορούσε να κάνει θεραπεία μαζί μου. <Ψηνόμουνα> εγώ όλα αυτά τα χρόνια από μεγάλο άγχος, κατάθλιψη, τον φόβο της λοβοτομής, ενοχή κλπ. <σερνόμουνα> κυριολεκτικά και δεν μπορούσα να βρω ένα αντικειμενικό γιατρό να κάνω μαζί του μια αντικειμενική διάγνωση και θεραπεία. Έτσι σκέφθηκα να κάνω το εξής. Να καθίσω και να γράψω όλο το ιστορικό μου σε ένα τετράδιο, τους γιατρούς που είχα επισκεφθεί, την <θεραπεία> που μου είχε γίνει, το άγχος μου, την κατάθλιψη, τους φόβους μου γενικά κλπ. και να πάω όλο το ιστορικό μου σε ένα Καθηγητή τον <καλλίτερο> τυπικά που υπήρχε μέσα στην Αθήνα. Έγραψα λοιπόν όλο το ιστορικό σε 2, 50φυλλα τετράδια. 80 φύλλα τετραδίου και όλο το κείμενο χειρόγραφο. 11 γιατροί. Ο χρόνος που χρειάστηκα για να τελειώσω όλο το ιστορικό μου, 11 γιατροί ήταν 1 έτος. Έγραφα μια παράγραφο και μετά ξάπλωνα στο κρεββάτι μου για να συνέλθω. <Κουράγιο> Κώστα έλεγα και σηκωνόμουνα από το κρεββάτι μου και έγραφα άλλη μια παράγραφο κοκ. Άριστα γραμμένο. Όταν το τελείωσα σε 1 έτος πήρα τηλέφωνο το ιατρείο του Κων. Στεφανή Καθηγητή Ψυχιατρικής του Πανεπιστημίου Αθηνών και διευθυντή του Αιγινήτειου νοσοκομείου και ζήτησα ραντεβού από τη γραμματέα του. Το ραντεβού ήρθε μετά 6 μήνες. Πήγα με τα 2 τετράδια στο ιατρείο του Κ. Στεφανής ήταν σε μια πάροδο στη πλατεία Μαβίλης και του ζήτησα να διαβάσει το κείμενο. Του μίλησα για άγχος, φόβο, κατάθλιψη, λάθος θεραπεία με 11 γιατρούς και φόβο της λοβοτομής. Είχα εναποθέσει όλες μου τις ελπίδες σε αυτό το κείμενο. Μετά 3 εβδομάδες επισκέφθηκα πάλι στο ιατρείο του τον Κ. Στεφανής και του ζήτησα να μου πει τη γνώμη του. Του ζήτησα τη διάγνωση του. Ο Κ. Στεφάνης μου ψέλλισε <την μια στιγμή εμπιστεύεσαι τους άλλους ανθρώπους και την άλλη στιγμή όχι> και μετά σιώπησε. Εγώ μίλαγα στον Κ. Στεφάνη με 80 φύλλα χειρόγραφο κείμενο, άριστα γραμμένο, όλο το ιστορικό και έλαβα την σιωπή του προς απάντηση μου. Έφυγα απογοητευμένος από τον Κ. Στεφάνη ο οποίος μου παρακράτησε και τα 2 τετράδια, δεν μου τα επέστρεψε. Είχα βγάλει όμως φωτοτυπίες του κειμένου. Η επίσκεψη μου στο ιατρείο του Κ. Στεφάνη έγινε το έτος 1981. Μετά από λίγα χρόνια ο Κ. Στεφάνης έγινε υπουργός Υγείας επί κυβερνήσεως ΠΑΣΟΚ. Βάλανε το λύκο να φυλάξει τα πρόβατα... Μετά λίγο καιρό αφού συνήλθα λίγο από το σοκ, σκέφθηκα να πάω τις φωτοτυπίες να τις διαβάσει ο Δ. Κυριαζής ο πρώτος γιατρός. Το ιατρείο του Δ. Κυριαζή ήταν στην οδό Ραβίνε δίπλα στο νοσοκομείο του ΝΙΜΙΤΣ. Έκλεισα ραντεβού, τον επισκέφθηκα, στην ταμπέλα του είδα ότι είχε κάνει τα μεταπτυχιακά του στον Καναδά. Του έδωσα να διαβάσει τις φωτοτυπίες και όταν τον επισκέφθηκα για δεύτερη φορά να μου πει την γνώμη του. Έλαβα την σιωπή του προς απάντηση μου. Επέστρεψα στο σπίτι μου σε πλήρη κατάρρευση και απογοητευμένος, απελπισμένος, έσκισα τις φωτοτυπίες μου με όλο το ιστορικό μου και τις πέταξα στα σκουπίδια. Ο πατέρας μου είχε αρρωστήσει στα 70 του χρόνια από καρκίνο. Εγώ το 1981 χρωστούσα 2 μαθήματα για να τελειώσω, να πάρω το πτυχίο μου από το Πανεπιστήμιο Πειραιώς. Διέκοψα την αναβολή μου λόγω σπουδών και μετά από λίγο καιρό παρουσιάστηκα στο κέντρο νεοσυλλέκτων πεζικού στην Τρίπολη. Ο πατέρας μου τότε Δεκέμβριο του 1981 που παρουσιάστηκα στρατιώτης στη Τρίπολη είχε ένα φίλο του συνταγματάρχη εε στη Αθήνα. Στο Κέντρο νεοσυλλέκτων για 2 περίπου μήνες τα πήγα καλά. Αργότερα όμως στην ειδικότητα στο ΚΕΔΒ αισθάνθηκα μεγάλο άγχος και κατάθλιψη και αδυναμία εκπλήρωσης των καθηκόντων μου. Έτσι αναγκάστηκα να ζητήσω αναβολή για λόγους υγείας. Θα πρέπει να σας πω ότι όταν ζήτησα αναβολή για λόγους υγείας ο φίλος του πατέρα μου είχε γίνει υποστράτηγος εε διοικητής ΣΔΑ. Τότε ήταν το έτος 1982. Ο πατέρας μου μετά 4-5 μήνες απεβίωσε από καρκίνο. Όλα μαυρίσανε πάλι μέσα μου. Άγχος, φόβος, κατάθλιψη. Δεν έβγαινα από το σπίτι μου. Ο θείος μου μου βρήκε ένα νευρολόγο-ψυχίατρο τον Χρήστο Παπαχρήστο ο οποίος συνέστησε εισαγωγή στη νευρολογική κλινική <Γαλήνη> τον Δεκέμβριο του 1982. Μπαίνοντας στη <Γαλήνη> αισθάνθηκα πολύ μεγάλο φόβο αλλά και μια μικρή ανακούφιση διότι καταλάβαινα ότι θα είχα επιτέλους ιατρική βοήθεια. Στον νευρολόγο-ψυχίατρο της <Γαλήνης> το όνομα του ήταν Μπεντενίδης που με είδε για 5 λεπτά του είπα ότι αισθάνομαι ένα πολύ μεγάλο άγχος. Μετά 1 εβδομάδα <φαρμακοθεραπείας> στη <Γαλήνη> άρχισα έστω και για 1-2 ώρες να αισθάνομαι ηρεμία μέσα μου. Φαίνεται ότι ο Μπεντενίδης όταν του είπα ότι αισθάνομαι πολύ μεγάλο άγχος, καλά κατάλαβε και υποθέτω ότι μου χορήγησε αγχολυτικά και αντικαταθλιπτικά φάρμακα. Μετά 1 εβδομάδα ήρθε ο Χρ. Παπαχρήστος στη <Γαλήνη> και όταν συζητήσαμε για 5 λεπτά σε ένα γραφείο παρουσία ενός άλλου γιατρού της <Γαλήνης> του είπα ότι φοβάμαι την στρατονομία και την ασφάλεια. Από την επόμενη κιόλας ημέρα από την επίσκεψη του Χρ. Παπαχρήστου στη <Γαλήνη> <έπεσα> κατακόρυφα. Μόνον αντιψυχωσικά φάρμακα. Στην <Γαλήνη> κάθισα για 20 ημέρες. Μετά την έξοδο μου από την <Γαλήνη> επισκεπτόμουνα τον Χρ. Παπαχρήστο στο ιατρείο του - οδός Αλωπεκής στο Κολωνάκι-. Πολυφαρμακία και μόνον αντιψυχωσικά φάρμακα. Το εκκρεμές στο άλλο άκρον. Δεν υπήρχε κατά τον Χρ. Παπαχρήστο κανένα συναισθηματικό πρόβλημα , αλλά το πρόβλημα μου ήταν διαταραχές του σκέπτεσθαι. Ψυχωτική συνδρομή ήταν η διάγνωση της κλινικής <Γαλήνης> και του Χρ. Παπαχρήστου. Τον Χρ. Παπαχρήστο τον επισκεπτόμουνα στο ιατρείο 1 φορά κάθε 3 μήνες για να μου γράψει φάρμακα. Από το 1982 έως το 1992 ο Χρ. Παπαχρήστος μου έγραφε μόνον αντιψυχωσικά φάρμακα - πολυφαρμακία. Κάθε φορά που πάγαινα στο ιατρείο του μου άλλαζε τα αντιψυχωσικά φάρμακα με αλλά αντιψυχωσικά φάρμακα έτσι για να δικαιολογεί την επίσκεψη. Το 1983 κατάφερα και πήρα το πτυχίο μου από το Πανεπιστήμιο Πειραιώς. Το 1984-85 κατάφερα και εκπλήρωσα την στρατιωτική μου θητεία σε μια μονάδα 80χλμ Β. της Αθήνας. Γραφείο, σκοπιά, εργασία, κλπ. Το μόνον που κατάφερε ο Χρ. Παπαχρήστος με τα αντιψυχωσικά φάρμακα ήταν να <καθαρίσει> το μυαλό μου από τις αγχώδεις, φοβικές κλπ. σκέψεις, φόβος λοβοτομής. Κατά τα αλλά συνέχιζα να <σέρνομαι> από το άγχος μου, τους φόβους μου, την κατάθλιψη κλπ. Από το

1982-1992 για μια 10ετια ο Χρ. Παπαχρήστος δεν μπορούσε να καταλάβει κανένα συναισθηματικό πρόβλημα μου για παράδειγμα άγχος, φόβο, κατάθλιψη κλπ. Κατά την άποψη του Χρ. Παπαχρήστου η αιτία για το πρόβλημα της υγείας μου ήταν ο θάνατος του πατέρα μου, <χάθηκε το στήριγμα μου> είπε ο Χρ. Παπαχρήστος σε ένα ραντεβού και μου συνέχισε ότι το πρόβλημα μου ήταν ένα <μπέρδεμα> με τον πατέρα μου. Τοις κείνων ρήμασι πειθόμενοι. Όταν το 1986 εκπλήρωσα τη στρατιωτική μου θητεία και είχα πάρει και το πτυχίο μου από το Πανεπιστήμιο Πειραιώς, ο θείος μου με πήγε στην Ελληνική Τράπεζα , όπου εργαζόταν παλιότερα -τώρα ο θείος μου ήταν συνταξιούχος- για να προσληφθώ από την Τράπεζα. Ήμουν τόσο <ριγμένος> από την πολυφαρμακία και τα αντιψυχωσικά φάρμακα που σχεδόν ούτε το όνομα μου μπορούσα να πω στον διευθυντή της Τράπεζας που με πήγε ο θείος μου. Και ενώ ο διευθυντής της Τράπεζας μου είπε ότι με προσλαμβάνει σαν κλητήρα στην αρχή και μετά από λίγο καιρό θα γινόμουν υπάλληλος εγώ του αρνήθηκα την πρόσληψη με την αιτιολογία ότι δεν μπορούσα να γίνω κλητήρας. Ο πραγματικός λόγος ήταν το μεγάλο μου άγχος, ο φόβος μου, η κατάθλιψη και το αίσθημα αναξιότητας. Μετά 6 μήνες ο θείος μου μου είπε ότι όλοι οι κλητήρες της συγκεκριμένης Τράπεζας γίνανε όλοι υπάλληλοι. Μετά ένα μικρό χρονικό διάστημα ο θείος μου μου βρήκε εργασία σε ένα λογιστήριο Ανωνύμου Εταιρείας. Εργάστηκα σε αυτή την εταιρεία για 4 χρόνια. Μετά πήγα σε μια άλλη εταιρεία στο λογιστήριο όπου εργάστηκα άλλα 2 χρόνια. Το 1992 μετά παρέλευση 10ετιας με την θεραπεία μου με τον Χρ. Παπαχρήστο άρχισα να του παραπονιέμαι για μεγάλο άγχος, φόβους, κατάθλιψη. Μάλιστα του είπα ότι <έπηζα> στο άγχος, στο φόβο και την κατάθλιψη. Μάλιστα σε ένα ραντεβού με τον Χρ. Παπαχρήστο ενώ καθόμουν στο σαλόνι του, διάβασα σε ένα ιατρικό περιοδικό τη λέξη Αγοραφοβία. Του Είπα του Χρ. Παπαχρήστου ότι έχω πάθει αγοραφοβία και το συναίσθημα έχει <παγώσει> μέσα μου. Από τότε μετά το 1992 ο Χρ. Παπαχρήστος άρχισε να μου χορηγεί σιγά-σιγά αντικαταθλιπτικά και αγχολυτικά φάρμακα. Ήταν όμως <αργά>. Είχα μείνει από το 1973-1982 για μια 10ετια , 11 γιατροί χωρίς φάρμακα και από το 1982-1992 άλλη μια 10ετια μόνον με αντιψυχωσικά φάρμακα. Το συναίσθημα είχε <νεκρώσει> μέσα μου. Μετά το 1992 , μίλησα στον Χρ. Παπαχρήστο ότι είχα κάνει λάθος θεραπεία με 11 γιατρούς , του μίλησα και για το κείμενο που είχα γράψει, το ιστορικό μου και το είχα πάει στο Κων. Στεφανή. Το 1997 μετά από μια περίοδο ανεργίας βρήκα μια πολύ καλή εργασία σε ένα λογιστήριο Α. Ε. Μια καλή θέση με καλό μισθό. Βρήκα μάλιστα αυτή την εργασία από <αγγελία> στην εφημερίδα, αξιοκρατικά. Ο Χρ. Παπαχρήστος είχε αρχίσει να καταλαβαίνει την <μισή> θεραπεία που μου είχε κάνει επί μια 10ετια από το 1982-1992. Εργάστηκα σε αυτή την Εταιρεία για 1 έτος και ενώ πήγαιναν όλα καλά -είχα αναλάβει πλήρως το τεχνικό μέρος της εργασίας μου- ήρθε ένας τακτικός έλεγχος από την ΦΑΕΕ. Ο έλεγχος κράτησε για 3 περίπου μήνες καλοκαίρι, μέσα σε πολύ υψηλές θερμοκρασίες του 1998. Το 70 τοις εκατό του ελέγχου το είχα επωμισθεί εγώ. Ήταν και ένας άλλος λογιστής παλαιός στην εταιρεία , ο οποίος ερχόταν 2 φορές την εβδομάδα. Λυγιστά από το άγχος, την αγοραφοβία και την κατάθλιψη. Κρατήθηκα όμως στη θέση μου εργασίας έως τον Αύγουστο που έκλεισε όλη η εταιρεία για τις καλοκαιρινές διακοπές. Πρέπει να σας πω ότι είχα και μια κρίση πανικού εκείνο το χρονικό διάστημα. Ο γιος του επιχειρηματία παντρευότανε και είχε καλέσει όλο το προσωπικό της εταιρείας στο γάμο του και μετά στη δεξίωση που επακολούθησε. Εγώ επειδή είχαν αδυνατίσει πολύ τα νεύρα μου από την αγοραφοβία μου έφυγα από τη Εκκλησία πριν τελειώσει η γαμήλιος τελετή. Κρίση πανικού. Η Εταιρεία έκλεισε όλο τον Αύγουστο του 1998 για καλοκαιρινές διακοπές. Τότε πήρα στο τηλέφωνο τον Χρ. Παπαχρήστο στο εξοχικό του σπίτι στη Μαλεσίνα και του είπα ότι είχα ένα μακρόχρονο έλεγχο της Εφορίας και ότι είχα καταρρεύσει. Ο Χρ. Παπαχρήστος αρνήθηκε να έρθει στην Αθήνα -έμενε και αυτός στου Παπάγου- τα σπίτια μας απέχουν περίπου 400μ., για να μου δώσει την κατάλληλη φαρμακοθεραπεία και με συνέστησε σε ένα συνάδερφο του τον Παρασκευά Ζαχαράκη που το ιατρείο του ήταν στη οδό Πλουτάρχου. Πήγα στον Π. Ζαχαράκη του είπα για τον στρεσογόνο παράγοντα –τον έλεγχο της Εφορίας- και ότι είχα καταρρεύσει, από την αγοραφοβία και τη κατάθλιψη και εκείνος μου συνέστησε ένα αντικαταθλιπτικό. Ασπιρίνη για πνευμονία. Πέρασε ο Αύγουστος ο μήνας των διακοπών, εγώ δεν είχα

30

αναλάβει και έτσι την πρώτη εργάσιμη ημέρα μετά τις διακοπές του Αυγούστου, αναγκάστηκα να παραιτηθώ από την Εταιρεία λόγω αδυναμίας εκτελέσεως των καθηκόντων μου. Δεν μπορούσα να κάνω ούτε 5 βήματα έξω από το σπίτι μου από την αγοραφοβία και την κατάθλιψη, πολύ δε περισσότερο να εργασθώ. Πήγα στο ιατρείο του Χρ. Παπαχρήστου, που είχε επιστέψει από τις διακοπές του. Εκεινού μου χορήγησε την κατάλληλη θεραπεία 3 αντιψυχωσικά φάρμακα και 3 αντικαταθλιπτικά και μέσα σε 15 ημέρες ήμουν <καλά> στην πρότερον κατάσταση. Ήταν αργά όμως γιατί είχα παραιτηθεί από την εταιρεία. Η Μαλεσίνα που είναι το εξοχικό σπίτι του Χρ. Παπαχρήστου απέχει 2 ώρες με το αυτοκίνητο από την Αθήνα, Εθνική οδός. Ήμουνα ήδη 16 χρόνια ασθενής του Χρ. Παπαχρήστου με τέτοιο σοβαρό πρόβλημα υγείας και ιστορικό, μπορούσε ο Χρ. Παπαχρήστος να έλθει στη Αθήνα, να δώσει την θεραπεία και να επιστέψει την ίδια ημέρα στο εξοχικό του στην Μαλεσίνα. Όσα χρήματα και να μου ζητούσε θα του τα έδινα, θα τα κέρδιζα σε μια εβδομάδα από την εργασία μου. Τι φοβόταν μήπως χάσει για μια ημέρα το σώβρακο και την παντόφλα! Αργότερα βρήκα μια άλλη εργασία ήταν όμως κατά πολύ υποδεέστερη της προηγουμένης. Συνολικά έχω εργαστεί σε λογιστήριο ΑΕ για μια 10ετια. Με τον Χρ. Παπαχρήστο κάθισα από το 1982 έως το 2004 που βγήκε στη σύνταξη, 22 χρόνια. Θα πρέπει να σας πω ότι το 2004-5 έδωσα κατατακτήριες εξετάσεις για πτυχιούχους ΑΕΙ στο Πανεπιστήμιο Αθηνών και πέτυχα στο Πρόγραμμα Ψυχολογίας με την δεύτερη

31

προσπάθεια, αξιοκρατικά. Το κράτησα μυστικό έως το 2013 που πήρα το πτυχίο μου στο χέρι. Από το 2004-2006 που βγήκε ο Χρ. Παπαχρήστος στη σύνταξη πήγαινα στο Π. Ζαχαράκη για να μου γράψει φάρμακα. Σε ένα ραντεβού ο Π. Ζαχαράκης προφασίσθηκε ότι δεν είχε την συνταγή για το αγχολυτικό φάρμακο και έτσι δεν μπορούσε να μου δώσει το αγχολυτικό φάρμακο. Δεν την είχε την συνταγή στο ιατρείο του, την είχε στη γκαρσονιέρα του, λέω εγώ. Τότε εγώ πήγα σε ένα παθολόγο και μου έγραψε το αγχολυτικό φάρμακο. Πρέπει να σας πω ότι από το έτος 2000 περίπου η θεραπεία μου ήταν ένα αντιψυχωσικό φάρμακο, ένα αντικαταθλιπτικό φάρμακο και ένα αγχολυτικό-αντιαγοραφοβικό φάρμακο. Το 2006 από ένα παθολόγο βρήκα ένα νευρολόγο-ψυχίατρο. Αυτός ο 16^{ος} γιατρός είναι καλός. Το μη χείρον βέλτιστον δηλαδή. Από το 2006 έως σήμερα μου χορήγησε ένα επί πλέον αντικαταθλιπτικό, ενισχυτικό. Είναι κατηρτισμένος επισήμων. Του μίλησα για το ιστορικό μου, χωρίς να αναφερθώ σε ονόματα γιατρών και ότι όλο το πρόβλημα της υγείας μου ήταν μια Αγοραφοβία. Μου είπε επίσης ο γιατρός ότι το πρόβλημα της υγείας μου έπρεπε να αντιμετωπισθεί με φάρμακα από την αρχή! Το λόμπι των γιατρών ισχυρό και το δίκαιο μου ισχυρότερο!

ΣΥΜΠΕΡΑΣΜΑΤΑ. Για να δούμε τώρα την πραγματικότητα. Ποιο είναι το πραγματικό πρόβλημα της υγείας μου. Ας δούμε τα συμπτώματα. Αγχώδεις, φοβικές, καταθλιπτικές σκέψεις -η ψύχωση-. Μια ισχυρότατη Αγοραφοβία και τέλος μια σοβαρή κατάθλιψη. Μια ισχυρότατη Αγοραφοβία ήταν και είναι το πρόβλημα της υγείας μου. Βλέπω δε ως πολύ φυσικό όταν το συναίσθημα είναι Φοβικό να δημιουργούνται και αγχώδεις, φοβικές σκέψεις-η ψύχωση. Όταν δε το συναίσθημα είναι αγοραφοβικό και μένεις μέσα στο σπίτι σου κλεισμένος, δημιουργείται και η κατάθλιψη. Όταν δηλαδή λόγω της αγοραφοβίας μένεις μέσα στο σπίτι σου κλεισμένος και δεν βγαίνεις να ψυχαγωγηθείς, να κάνεις τα σπορ σου, να πας στο Πανεπιστήμιο, στην εργασία σου, να έχεις φιλενάδα, παρέες, το θεωρώ πολύ φυσιολογικό να πάθεις κατάθλιψη. Πιο συγκεκριμένα Αγοραφοβική συνδρομή ήταν και είναι το πρόβλημα της υγείας μου, με ψυχωτικά και καταθλιπτικά συμπτώματα. Αυτό είναι όλο το σύνδρομο. Ας δούμε τώρα ποιος είναι ο φαύλος κύκλος. Φαύλος κύκλος είναι αυτός που η αιτία γίνεται αποτέλεσμα και το αποτέλεσμα, αιτία κοκ. Η αγοραφοβικά ισχυρότατη με <ρίχνει> συναισθηματικά, μου <διαλύει> το συναίσθημα και το <πεσμένο> και <διαλυμένο> συναίσθημα δημιουργεί αγοραφοβικά! Ας κάνουμε λίγη θεωρία για το Νευρικό Σύστημα. Το Νευρικό Σύστημα χωρίζεται σε 2 μέρη. Το Κεντρικό Νευρικό Σύστημα και το Αυτόνομο Νευρικό Σύστημα. Εδώ θα μας απασχολήσει το Αυτόνομο Νευρικό Σύστημα. Το Αυτόνομο Νευρικό Σύστημα χωρίζεται σε 2 μέρη. Το Παρασυμπαθητικό και το Συμπαθητικό. Το Παρασυμπαθητικό περιέχει όλα τα θετικά συναισθήματα πχ ευτυχία, αγάπη, αγαλλίαση, ηρεμία, ξεγνοιασιά, χαρά, πλησίασμα κλπ. Αντιθέτως το Συμπαθητικό περιέχει όλα τα αρνητικά συναισθήματα πχ άγχος, φόβο, στεναχώρια, ταραχή, αγωνία, θυμό κλπ. Τώρα τι γίνεται! Αυτά τα 2 συστήματα το Παρασυμπαθητικό και το Συμπαθητικό δρουν ανταγωνιστικά! Δηλαδή δυναμώνει το παρασυμπαθητικό, δυναμώνουν τα θετικά συναισθήματα, αποδυναμώνει το συμπαθητικό, αποδυναμώνουν τα αρνητικά συναισθήματα η και αντιθέτως δυναμώνει το συμπαθητικό δυναμώνουν τα αρνητικά συναισθήματα, αποδυναμώνει το παρασυμπαθητικό, αποδυναμώνουν τα θετικά συναισθήματα. Λέγεται δε Αυτόνομο Νευρικό Σύστημα διότι δρα αυτόνομα δεν υπόκειται δηλαδή στην βούληση του ανθρώπου. Για παράδειγμα δεν μπορεί να πει ένας άνθρωπος ότι θέλω να είμαι ευτυχισμένος και να γίνεται ευτυχισμένος. Η δεν μπορεί να πει ένας άνθρωπος δεν θέλω να στεναχωριέμαι η δεν θέλω να φοβάμαι και αυτομάτως ούτε στεναχωριέται ούτε φοβάται. Σε μένα το Συμπαθητικό στραγγάλισε, νέκρωσε, εγκλώβισε το Παρασυμπαθητικό. Τα αρνητικά συναισθήματα, άγχος, φόβος, κατάθλιψη, θυμός στραγγάλισαν, νέκρωσαν, εγκλώβισαν τα θετικά συναισθήματα, χαρά, ηρεμία, ευτυχία, ικανοποίηση κλπ. Είπαμε τα 2 ανωτέρω συστήματα δρουν ανταγωνιστικά. Βέβαια γεννήθηκα υγιέστατος. Ο φαύλος κύκλος δημιουργήθηκε κατά την παιδική μου ηλικία από την συμπεριφορά του πατέρα μου κυρίως και δευτερεύοντος της μητέρας μου. Θα το πω αργότερα πως δημιουργήθηκε ο φαύλος κύκλος. Το μόνον που σας λέγω τώρα είναι ότι είναι τόσο καθαρό, απλό και κατανοητό όπως είναι και το σημερινό πρόβλημα της υγείας μου 1+1=2. Μπορώ να σας περιγράψω και να το καταλάβετε άριστα πως δημιουργήθηκε ο φαύλος κύκλος κατά την παιδική μου ηλικία μέσα σε 5 πρώτα λεπτά. Από την παιδική μου ηλικία λόγω κυρίως της συμπεριφοράς του πατέρα μου δημιουργήθηκε ο φαύλος κύκλος και το Συμπαθητικό <έριχνε> σιγά-σιγά το Παρασυμπαθητικό. Μερί τα 19 μου χρόνια που κατέρρευσα ξαφνικά λειτουργούσα σχετικά καλά. Με τις παρέες μου, τους συμμαθητές μου, το δημοτικό, Γυμνάσιο, τις συμμαθήτριες μου, τα φλερτ μου, πολύ καλός μαθητής, τα διάφορα εφηβικά parties, το κέντρο νεότητας κλπ. Στα 19 μου χρόνια έκλεισε ξαφνικά ο φαύλος κύκλος και το Συμπαθητικό <νέκρωσε> το Παρασυμπαθητικό. Έπαθε δηλαδή το Παρασυμπαθητικό black-out. Όλα τα θετικά <νέκρωσαν> μέσα μου. Από τα 19 μου χρόνια έως σήμερα που είμαι 60 ετών μόνον άγχος, φόβο, κατάθλιψη , θυμό αισθάνομαι. Το πως επιβιώνω είναι ένα θαύμα. Επιβιώνω και έφθασα εδώ που είμαι σήμερα 60 ετών χάρις την πολύ καλή σωματική μου κράση, την πολύ μεγάλη ψυχική μου δύναμη και αντοχή και το δυνατό μυαλό μου και τέλος το ότι είμαι γεννημένος κλινικός ψυχολόγος έχω δηλαδή ιδιαίτερη κλίση στην Ψυχολογία. Οι Αγχώδεις Διαταραχές, η Αγοραφοβία και η κατάθλιψη περιγράφονται λεπτομερώς και αναλύονται διεξοδικά σε όλα τα Πανεπιστημιακά εγχειρίδια της Ψυχολογίας Ελληνικά και Ξένα. Αρκεί ένα διάβασμα 10 σελίδων. Αυτό που είναι η Έρευνα και είναι μοναδική είναι ο συγκεκριμένος φαύλος κύκλος που έχω πέσει μέσα.

Οιοσδήποτε άνθρωπος με την ίδια συμπεριφορά εκ μέρους του πατέρα του κυρίως θα <έπεφτε> με μαθηματική ακρίβεια ακριβώς σε αυτόν τον φαύλο κύκλο τον συγκεκριμένο που σας ανέλυσα προηγουμένως. Το ζήτημα είναι πόσοι θα επιβίωναν. Μετριούνται στα δάκτυλα της μιας χειρός οι άνθρωποι που θα επιβίωναν και θα έφθαναν σήμερα στα 60 χρόνια που είμαι εγώ σήμερα. Πολύ δε περισσότερο αν λάμβαναν και τη λάθος θεραπεία που έλαβα εγώ. Όλο το ζητούμενο στη θεραπεία μου ήταν ένα δυνάμωμα του συναισθήματος, ένα δυνάμωμα του Παρασυμπαθητικού, η απελευθέρωση του Παρασυμπαθητικού. Και αυτό γινόταν με φάρμακα. Ποια φάρμακα. Αυτά που παίρνω εδώ και 8 χρόνια από το 2006 και εντεύθεν. Δηλαδή 1 αντιψυχωσικό, 2 αντικαταθλιπτικά, 1 αγχολυτικό. Και οι 15 γιατροί κάνανε ακριβώς τα αντίθετα. Με την λάθος τους <θεραπεία> με <ρίξανε> αντί να μου δυναμώσουν το συναίσθημα. Ακολουθεί η κριτική αξιολόγηση ένας προς ένα και των 15 γιατρών και της <θεραπείας> τους. Ας αρχίσουμε από τον Γ. Ψημμένο τον παθολόγο. Πήγε και μου σύστησε ένα άπειρο γιατρουδάκι τον Δ. Κυριαζή και υποσμηναγό της χούντας. Επίτηδες να το έκανε ο Γ. Ψημμένος χειρότερο γιατρό από τον Δ. Κυριαζή δεν θα μπορούσε να μου βρει. Χάθηκε ένας διευθυντής του νευρολογικού-ψυχιατρικού τμήματος ενός Γενικού Νοσοκομείου! Τώρα όσον αφορά τον Δ. Κυριαζή. Ο Δ. Κυριαζής είχε κάνει εκ των προτέρων την διάγνωση του και την θεραπεία του για μένα πριν καν με δει! Από τις πληροφορίες παραπομπής του πατέρα μου και του παθολόγου Γ. Ψημμένου. <Ένας προβληματικός έφηβος με επιθετικότητα, προβλήματα προσαρμογής κλπ.> Δεν άκουγε τι του έλεγα ο Δ. Κυριαζής κατά την διάρκεια των συνεδρίων και δεν έβλεπε τίποτα μπροστά του. Με <έκοψε> και με <έραψε> ο Δ. Κυριαζής σύμφωνα με το πρότυπο που είχε για μένα στην φαντασία του. <Ένα προβληματικό έφηβο με επιθετικότητα κλπ.> τέτοιο ασθενή <χρειαζόταν> ο Δ. Κυριαζής και έτσι με <έβλεπε>. Διύλιζε τον κώνωπα και κατάπινε την κάμηλο ο Δ. Κυριαζής προκειμένου να με προσαρμόσει στις ανάγκες του. Καπέλωμα διάγνωση και καπέλωμα θεραπεία. Και αυτό συνεχιζόταν επί 3,5 χρόνια, πάνω από 120 συνεδρίες. <Αρνιόταν> ο Δ. Κυριαζής την πραγματικότητα, το πραγματικό πρόβλημα του ασθενούς του. Με μια λέξη Προκρούστης. Ένας ισχυρότατος νευρικός κλονισμός ήταν το πρόβλημα της υγείας μου τότε στα 19 μου χρόνια. <Έκλεισε> ξαφνικά ο φαύλος κύκλος. Το περιστατικό ήταν πάρα πολύ σοβαρό και η φαρμακοθεραπεία κατεπείγον. Αν από τότε στα 19 μου - 20 χρόνια μου είχε χορηγηθεί η κατάλληλη φαρμακοθεραπεία, 1 αντιψυχωσικό φάρμακο, 2 αντικαταθλιπτικά, 1 αγχολυτικό η ανάρρωση μου από την ασθένεια θα ήταν ταχύτατη. Όχι κατά αριθμητικά πρόοδο, όχι κατά γεωμετρική πρόοδο αλλά κατά αρμονική πρόοδο, η ανάρρωση μου θα ήταν ταχύτατη. Αν δινόταν η κατάλληλη φαρμακοθεραπεία στα 19 μου - 20 χρόνια μέσα σε 6 μήνες θα ήμουν καλά! Θα απελευθερωνόταν το παρασυμπαθητικό. Η ψυχή μου θα πλημμύριζε από θετικά συναισθήματα. Και τι θα έκανα τότε. Θα <ξεχυνόμουν> στους δρόμους να συναντήσω τους παλιούς μου συμμαθητές και τους φίλους μου, τις συμμαθήτριες μου, τα φλερτ μου, τα σπορ μου, την ψυχαγωγία μου, το Πανεπιστήμιο, μεθαύριο την εργασία μου, <αστέρι> πραγματικό! Αντί αυτού καθόμουνα κλεισμένος μέσα στο σπίτι μου και έλιωνα σαν το κερί από το άγχος μου, την αγοραφοβία και την κατάθλιψη. Το πρόβλημα της υγείας μου ήταν και εξακολουθεί να είναι εξαιρετικά σοβαρό και εξαιρετικά επώδυνο. Ένα εκατό τοις εκατό νευρολογικό πρόβλημα. Και πρέπει να σας πω ότι στην βιβλιογραφία τα νευρολογικά προβλήματα βρίσκονται μαζί με τις ψυχώσεις στην κορυφή της πυραμίδας από άποψη σοβαρότητας και εγώ είχα και τα δυο και νευρολογικό πρόβλημα και ψύχωση. Και μετά από 3-4 χρόνια της κατάλληλης φαρμακοθεραπείας, τα φάρμακα θα μπορούσαν να κοπούν οριστικά και αμετάκλητα. Υγιής, υγιέστατος! Πρότυπο σωματικής, ψυχικής και πνευματικής υγείας. Το παρασυμπαθητικό θα είχε απελευθερωθεί πλήρως, τα θετικά συναισθήματα θα είχαν απελευθερωθεί πλήρως. Ένα δυνάμωμα του συναισθήματος, ένα δυνάμωμα του παρασυμπαθητικού, η απελευθέρωση του παρασυμπαθητικού, των θετικών συναισθημάτων ήταν όλο το πρόβλημα της υγείας μου. Και αυτό γινόταν με φάρμακα. Ένα νευρολογικό πρόβλημα 100%. Αντί αυτού ο Δ. Κυριαζής βάπτισε το κουβεντολόι του καφενείου, θεραπεία. Και ένα δυνάμωμα του συναισθήματος με φάρμακα, ένα δυνάμωμα του παρασυμπαθητικού κυττάξτε πόσο ευεργετικά θα λειτουργούσε στην

38

ασθένεια μου. Πρώτο ας πάρουμε το φόβο μου ότι αν με δουν οι άλλοι άνθρωποι έξω στο δρόμο, στο λεωφορείο κλπ. θα με απορρίψουν, θα με κοροϊδέψουν κλπ. με αποτέλεσμα να δυσκολεύομαι πάρα πολύ να βγω έξω από το σπίτι μου. Τα φάρμακα και θα μου ελαττώνανε την αγοραφοβία μου αυτή αλλά και παράλληλα θα μου δυνάμωναν την αυτοεκτίμηση μου, την γνώμη μου για τον εαυτό μου. Οποία ευτυχία! Δεύτερον ο φόβος μου ότι ο πατέρας μου θα με έδιωχνε από το σπίτι μου. Με τα φάρμακα και ο φόβος μου ότι ο πατέρας μου θα με έδιωχνε από το σπίτι μου θα ελαττωνότανε -έως και την πλήρη εξαφάνιση του φόβου μου αυτού- αλλά και θα μπορούσα να εργασθώ, να κερδίζω τα προς τα ζην από μόνος μου! Οποία ευτυχία! Τρίτον ο φόβος της λοβοτομής και θα ελαττωνότανε έως θα εξαφανιζότανε, αλλά και εάν γινότανε κάτι τέτοιο, θα μπορούσα να πετάξω κλοτσηδόν τους νοσοκόμους έξω από το σπίτι μου η θα μπορούσα να καλέσω την Άμεσο Δράση για να αποτρέψει τους νοσοκόμους να με πάρουν από το σπίτι μου και να με πάνε να με λοβοτομήσουν. Οποία ευτυχία! Ας κυττάξουμε τώρα και το αντίστροφο. Αφενός έχω την ισχυρότατη αγοραφοβία ότι οι άλλοι άνθρωποι θα με απορρίψουν, θα με κοροϊδέψουν αν βγω από το σπίτι μου, αφετέρου η ίδια ακριβώς αγοραφοβία, το πολύ αδύναμο συναίσθημα μου δεν με αφήνει να έχω γνώμη για τον εαυτό μου. Με την λογική μου βέβαια έχω γνώμη για τον εαυτό μου, αλλά το συναίσθημα μου λόγω της αγοραφοβίας είναι πολύ αδύναμο και έτσι το εγώ μου είναι πάρα πολύ αδύναμο. Έτσι ο φόβος μετατρέπεται σε τρόμο! Δεύτερον μπροστά στον φόβο μου ότι ο πατέρας μου θα με διώξει από το σπίτι, λόγω ακριβώς της ίδιας αυτής αγοραφοβίας μου, δεν μπορώ να πάω και να εργασθώ και να κερδίσω τα προς τα ζην με αποτέλεσμα να πέθαινα από την πείνα, αν ο πατέρας μου με έδιωχνε από το σπίτι. Τρόμος! Τρίτον στο φόβο της λοβοτομής, λόγω ακριβώς της ίδιας αγοραφοβίας μου, του πολύ αδύναμου συναισθήματος μου, δεν μπορούσα να έχω καμιά άμυνα κατά των νοσοκόμων που θα με έπαιρναν από το σπίτι για να με πάνε να με λοβοτομήσουν. Τρόμος! Με λίγα λόγια τα φάρμακα θα δρούσαν πολλα-πολλαπλασιαστικά στην βελτίωση της υγείας μου. Υγιής, υγιέστατος σε πολύ σύντομο χρονικό διάστημα μέσα σε 6 μήνες. Η αγοραφοβία μου δε είναι ισχυρότατη και φθάνει μέχρι τον βιολογικό μου θάνατο. Βλέπε την ορθοπεδική επέμβαση στο χέρι μου και πως η καρδιά μου σταμάτησε να κτυπά κατά την διάρκεια της νάρκωσης. Τόσο πολύ <ρίχνει> η αγοραφοβία το συναίσθημα μου -βλέπε φαύλος κύκλος- που έφθασε να σταματήσει να κτυπά και αυτή η καρδιά του σώματος μου. Πέθανα δηλαδή από την αγοραφοβία μου. Αισθάνθηκα δε τη θεραπεία του Δ. Κυριαζή σαν δυναμίτη που τίναξε την καρδιά μου σε χίλια-δυο κομμάτια γιατί απλούστατα η λάθος θεραπεία του Δ. Κυριαζή αύξησε την αγοραφοβία μου με αποτέλεσμα η αγοραφοβία μου να <ρίξει> να <διαλύσει> το συναίσθημα μου. Τι συμβαίνει τώρα. Λόγω της αγοραφοβίας μου, του πολύ αδύναμου συναισθήματος μου, αισθάνομαι ένα πολύ μεγάλο θυμό ο οποίος εξωτερικευόταν μόνον εναντίον του πάτερα μου -λογομαχία- δευτερευόντως κατά της μητέρας μου και σπανιότατα σε άλλους ανθρώπους. Αυτόν τον μεγάλο θυμό που δεν εξωτερικεύω τον <προβάλλω> στους άλλους ανθρώπους και νομίζω ότι οι άλλοι άνθρωποι είναι θυμωμένοι εναντίον μου και εγώ με το πολύ αδύναμο συναίσθημα μου, αισθάνομαι ανήμπορος να υπερασπισθώ το εαυτό μου. Επίσης την στεναχώρια που αισθάνομαι και το αδύναμο συναίσθημα μου, το <προβάλλω> στους άλλους ανθρώπους, νομίζω ότι οι άλλοι άνθρωποι, όπως ο πατέρας μου, είναι στεναχωρημένοι και αδύναμοι και έτσι δημιουργείται ένα ισχυρό αίσθημα ενοχής. Από την άλλη μεριά ευτυχώς που υπάρχει ο θυμός μου , γιατί διαφορετικά θα είχα αποβιώσει προ πολλού. Όσο για την ενοχή η πραγματικότητα είναι ότι δεν έχω πατήσει μερμήγκι. Βέβαια αν μου είχαν χορηγηθεί από την αρχή τα κατάλληλα φάρμακα, θα είχε δυναμώσει το συναίσθημα μου, το παρασυμπαθητικό, τα θετικά συναισθήματα, ο θυμός θα είχε εξαφανισθεί και η στεναχώρια μου επίσης, συμπτώματα του συμπαθητικού. Όσον αφορά τώρα στον Δ. Κυριαζή, ο Δ. Κυριαζής κατάλαβε την συναισθηματική μου μεγάλη αδυναμία και μου επιτέθηκε! Όχι για να αποκαταστήσει την υγεία μου ως όφειλε, ότι γιατρός ήταν και γιατί πληρωνόταν, αλλά για να μου δώσει μια <σπρωξιά> να με <αποτελειώσει>. Κατάλαβε ότι ήμουν με τα δυο πόδια στον τάφο, και μου έδωσε μια <σπρωξιά> να με βάλει ολόκληρο μέσα στον τάφο. Δεν φταίει δηλαδή η <απειρία> του Δ. Κυριαζή ως προς την ιατρική επιστήμη αλλά η ψυχοπαθολογία του. Στο τ έλος μετά 3,5 χρόνια θεραπείας , 120 συνεδρίες ο Δ. Κυριαζής κατάλαβε το πραγματικό μου πρόβλημα, <την λανθασμένη θεραπεία> του, δεν την παραδέχθηκε αλλά αντιθέτως στους γιατρούς που μου σύστησε <έπεσε γραμμή>, θα έγινε και κανένα μυστικοσυμβούλιο, <μην τον δέχεσθαι για θεραπεία>, <ρίξτε τον και άλλο συναισθηματικά>, απογοητεύστε τον, αποπροσανατολίστε τον, συνεχίστε την λάθος θεραπεία και επί τα χείρω, να μην εκτεθεί ο ίδιος από την λανθασμένη θεραπεία που μου είχε κάνει. Και η συμμορία του Δ. Κυριαζή υπάκουσε. Αν ο Δ. Κυριαζής είχε χορηγήσει τα κατάλληλα φάρμακα από την αρχή θα είχε μια πρώτης τάξεως επιτυχία, θα έκανε την έρευνα του, θα είχε γίνει ο ασθενής του, εγώ δηλαδή τελείως καλά, θα έκανε ανακοίνωση ο Δ. Κυριαζής σε Συνέδριο, θα ήταν η εργασία του, αυτή η έρευνα, για Διδακτορικό τίτλο. Δεν του άρεσε όμως η ευθεία οδός η συντομότερα. Στην <δολοφονία> του ασθενούς του εύρισκε ευχαρίστηση. Και η συμμορία του Δ. Κυριαζή υπάκουσε. Μέχρι την πλήρη εξόντωση μου. Σας είπα η αγοραφοβία μου έφθασε μέχρι τον βιολογικό θάνατο. Όσο τώρα για τον καθηγητή Κ. Στεφανή είχε όλο το ιστορικό μου μπροστά του. Κατάλαβε άριστα ο Κ. Στεφανής ότι πρόκειται για μια ισχυρότατη αγοραφοβία, ότι αντιμετωπιζόταν άριστα με φάρμακα. Και ο Κ. Στεφανής σιώπησε. Προκειμένου να <ξεσπάσει> τέτοιο σκάνδαλο, ότι οι <εκλεκτοί> συνάδερφοι αφήσαν τον ασθενή τους να πεθάνει, ενώ μπορούσε ο ασθενής να γίνει τελείως καλά, να μας αποδείξει δηλαδή ο ασθενής

42

ότι εμείς οι γιατροί κάναμε τέτοιο <λάθος> άσε τον ασθενή να πεθάνει να γλυτώσουμε από αυτόν τον <μπελά>. Το πρόβλημα της υγείας μου, για τον εξωτερικό παρατηρητή, για τον γιατρό ήταν προφανές. Ποιο απλό δεν γινόταν ψύχωση, άγχος, αγοραφοβία, κατάθλιψη. Δεν χρειαζόμουνα τίποτα άλλο εκτός από φάρμακα! Ορίστε τα φάρμακα σας και με τις υγείες σας! Με αφήσανε να πεθάνω ενώ γινόμουν τελείως καλά. Μιλάμε για δολοφονία από τον γιατρό, από τους γιατρούς! Και ερχόμαστε τώρα στον γιατρό τον Χρ. Παπαχρήστο. Επί τέλους φάρμακα! Σωζόμουνα! Ο Χρ. Παπαχρήστος όμως επί μια 10ετια από το 1982-1992, από τα 28 μου χρόνια έως τα 38 μου χρόνια δεν κατάλαβε ΤΙΠΟΤΑ για το άγχος μου, την αγοραφοβία και την κατάθλιψη. ΑΠΙΣΤΕΥΤΟ. Μόνον αντιψυχωσικά φάρμακα. Και το 1982 δεν με <έριξε> ο θάνατος του πάτερα μου στο κρεβάτι αλλά η αγοραφοβία μου. Αλλά αντί άλλων! Οι ασυναρτησίες του πάσα ει! Όταν το 1992 του μίλησα για άγχος, αγοραφοβία και κατάθλιψη τότε άρχισε σιγά-σιγά να μου χορηγεί αντικαταθλιπτικά φάρμακα και αγχολυτικά. Ήταν όμως πλέον ΑΡΓΑ. Είχα μείνει επί μια 10ετια από το 1973-1982 χωρίς φάρμακα και ακολούθησε άλλη μια 10ετια από το 1982-1992 με μόνον αντιψυχωσικά φάρμακα. Η ισχυρότατη αγοραφοβία μου ΠΑΓΙΩΘΗΚΕ στη ψυχή μου. Η αγοραφοβία μου έγινε πυρηνικό πρόβλημα στο DNA. Αφήσανε την αγοραφοβία μου και προχώρησε! Η βλάβη στην υγεία μου ΑΝΗΚΕΣΤΟΣ. Ο ΘΑΝΑΤΟΣ του Παρασυμπαθητικού ΜΗ ΑΝΑΣΤΡΕΨΙΜΟΣ! Ε Π Ι Λ Ο Γ ΟΣ. Και εάν με ερωτήσετε. Κάνουν οι γιατροί τέτοια πράγματα! Θα σας παραπέμψω σε μια ταινία μικρού μήκους που πρόβαλλε ο τηλεοπτικός σταθμός της Βουλής των Ελλήνων Hitler's Doctors. Masters of Life and Death. Οκτώ (8) γιατροί του Χίτλερ καταδικάσθηκαν με απαγχονισμό από το Δικαστήριο της Νυρεμβέργης για εγκλήματα κατά της ανθρωπότητας. Όσο για την <υπακοή> υπάρχει το πείραμα του Milgram στο Πανεπιστήμιο Yale των ΗΠΑ το 1950. Αν δεν το έχετε ακουστά 3 σελίδες διάβασμα είναι στη βιβλιογραφία. Ζητάω 100.000.000 ευρώ (εκατό εκατομμύρια ευρώ) αποζημίωση από τους 15 γιατρούς, και λίγα είναι! Και όταν λέμε ισόβια εννοούμε ισόβια! Τι ζητούσα. Ένα δυνάμωμα του συναισθήματος. Την απελευθέρωση του παρασυμπαθητικού! Την απελευθέρωση των θετικών συναισθημάτων μου, ευτυχία, χαρά, γαλήνη, ικανοποίηση, ξεγνοιασιά, κλπ. Και αυτό γινόταν με φάρμακα. Σε ταχύτατο ρυθμό θα ήταν η ανάρρωση μου. Τελείως καλά! Ένα νευρολογικό πρόβλημα 100%. Γιατί με το συναίσθημα του ζει ο άνθρωπος και μένα το συναίσθημα μου έχει νεκρώσει! Το Παρασυμπαθητικό Νεκρό!

Το συμπαθητικό, τα αρνητικά συναισθήματα, άγχος, αγοραφοβία, στεναχώρια αδυνατίζουν πάρα πολύ το κεντρικό μου νευρικό σύστημα, διαλύουν σε κομμάτια το Κ.Ν.Σ., παραλύουν το Κ.Ν.Σ. και το διαλυμένο σε κομμάτια Κ.Ν.Σ. το παραλυμένο, με την πολύ χαμηλή άμυνα δημιουργεί άγχος, αγοραφοβία και στεναχώρια! Όταν με τα κατάλληλα φάρμακα το παρασυμπαθητικό μου απελευθερωνόταν, τα θετικά συναισθήματα, ευτυχία, χαρά, ηρεμία, αυτοεκτίμηση κλπ. θα δυνάμωναν το Κ.Ν.Σ. Τελείως καλά! Κανένα φάρμακο δεν θα χρειαζόταν πιά εάν το παρασυμπαθητικό μου απελευθερωνόταν!!! Και το Εγώ μου είναι δυστονικό. Το Εγώ μου είναι δυστονικό από το άγχος, την αγοραφοβία και την στεναχώρια πολύ μακριά από τον ιδεώδη εαυτόν μου. Εάν το άγχος μου, η αγοραφοβία και η στεναχώρια υποχωρούσανε το Εγώ μου θα γινόταν συντονικό. Και το συντονικό Εγώ μου με τη σειρά του θα εξαφάνιζε το άγχος, την αγοραφοβία και στεναχώρια!!!

Μια Επιστημονική Έρευνα

Dear Professor,

Date / / 2014

Scientific Research

When I graduated from High School I asked my uncle- who was working in a Bank- to find me a work in a Bank. After High School my anxiety became to raise and the work in a Bank it was an effort of mine –as I can understand it now – to remain healthy. My uncle found me a work in a Foreign Bank. I worked in the Bank for 7 months and then I suddenly I collapsed. Everything blackened inside me. I was forced to quit from the Bank and my excuse to the manager was that I quit from the Bank because I wanted to study in the University. The real reason that I quit from the Bank was because I could not walk for few steps outside my house, to take the bus and go to the Bank, even more to continue to work. After I quit from the Bank I went for 10 days to an island to relax myself. When I returned from my vacation I asked my father to find me a doctor a neurologist-psychiatrist because I needed help. My father asked a family doctor a pathologist – when I say family doctor I mean 1-2 visits every two or three years for a cold, a light fever etc. The pathologist recommended a neurologist psychiatrist I name this doctor, doctor A.I visited doctor A at his office on May 1973. This period of time in Greece was the dictatorship of colonels. I was complaining for a strong anxiety. Doctor A diagnosed depression and prescribed me a medicine Saroten antidepressant for 3 months. From our first appointment doctor A told me that I had a great difficulty to express my feelings and he asked me why? He also recommended me to begin psychoanalysis with him, once a week for 20 appointments for the beginning and he told me that I will be well. Doctor A also told me that I was going to question myself why I feel this strong anxiety and stress. During another appointment doctor A told me that my problem was an emotional problem. During another appointment doctor A asked me which I think is the cause of my anxiety. I answered him that I think the cause of my anxiety is my father. During another appointment doctor A told me that all my problem was an emotional confusion with my father and his therapy will be emotional support! During another appointment I told doctor A that I had a very strong anxiety that the other unknown people which I met on the street, on the bus etc. will laugh at me, will make fun of me etc. The answer of doctor A was that I laugh at other people, that I was that I made fun to other people. During another appointment doctor A recommended me to express my feelings to my father no matter if these feelings were negative because not expressing my feelings this causes fear itself. I followed the advice of doctor A and I pushed myself to express my feelings to my father. The result was to have verbal aggression with my father, fights, 2-3 times a week for 2-3 minutes. After the fight with my father I went to his room where I saw him lying down on his bed and I asked him to forgive me because I made him upset and distressed with my fight. I told that to doctor A and the doctor's answer to me was his silence. During another appointment doctor A told me that I was in a vicious circle, and I cannot see an opening to get out from the vicious circle. Doctor A continued that I must have an indirect aggression against my father which is the cause of my anxiety and this must be my vicious circle. I answered doctor A that I have not an indirect aggression against my father but the doctor A insisted. During another appointment doctor A told me that I have authority's problems. During another appointment doctor A told me that I am sensitive to pressures. I continued to complain to doctor A for my strong anxiety. During my < therapy > with doctor A I followed lessons to a college in economics in Athens, in order to follow later a University in England. I continued to try very hard to go out of my house to go to the lessons to the college, and go to the appointments with doctor A. During another appointment I told doctor A, that one morning as I walked down to Athens, passing by the Greek Parliament I looked in front of me the hotel Gr. Britain. I thought for 1-2 minutes that hotel Gr. Britain was collapsing and stones, iron, bricks were falling over me. Of course they have passed 40 years since then and the hotel Gr. Britain still stands there. And I am not a civil engineer but I believe the hotel Gr. Britain will stands there to its position for another 300 years. The months were passing, the years were passing and I still felt a very strong anxiety. I was still crawling to follow the lessons of the college and go to the appointments with doctor A. My efficiency was too low. During another appointment doctor A asked me to describe dreams that I saw during the nights. Doctor A did not seem to worry particularly about my health problem, while I could not walk few steps outside my house. One day a cousin of mine visited me in my house and recommended me to give examinations to a Hellenic University. I was very good student at High School and so after 3 months of study I succeeded to University of Piraeus to dept. of business administration. Because of my strong anxiety I could not follow the lessons of the University, but I studied at home and I followed private lessons to a school in Athens for the <difficult lessons> of the University, with other students. I went to the University of Piraeus only to give examinations and see my marks. I succeeded to the University of Piraeus on the year 1975.During another appointment doctor A told me that I have a fear against women and he asked me if I think that other women will be grouchy like my mother. Doctor A also recommended me to find a girl-friend. I found a girl-friend our relation lasted over 2 years, a good relation. But by carelessness I left my girl-friend pregnant. I read that time in the newspaper that 300.000 abortions took place every year in Greece. Doctor A accused me that I left my girl-friend pregnant on purpose. Of course my girl-friend had an abortion because my health was very bad and I could not take the responsibility of a wife and child. In another appointment doctor A whistled me strictly <the therapy is a therapy and your anxiety still continues>! Doctor A <asked for the change>! In another appointment when I was complaining to doctor A that I have a great difficulty to go out of my house because I think that the other unknown people in the street, in the bus etc. will laugh at me, will reject me, doctor A replied me <you do not have an opinion of yourself?>. In another appointment doctor A told me that with my first obstacle I raise my hands up, I surrender! I had a fear at that time that my father will throw me out of his house. So I put my father to sign me a paper that he will keep me in my home as long as I was studying in the University. In another appointment doctor A told me that I feel other people like threats. In another appointment doctor A told me how much I underestimate myself. During another appointment I told doctor A that I feel my moral, my courage very low, negative. During another appointment I told doctor A that I melt like a candle. During another appointment doctor A told me why I do not find a work so to be independent. I answered him that to find a work I also feel strong anxiety. During another appointment I told doctor A that I have a phobia, upset, agony, distressed etc., phobia of people. During another appointment doctor A recommended me a medicine minitran anxiolytic for 2 months. During another appointment doctor A told me <Don't we speak like equals?> during another appointment doctor A told me <you put limits to yourself>. During another appointment

I told doctor A that I feel a strong anger against these unknown people in the street, in the bus etc. which I think they laugh at me, they reject me etc. But I do not express to them my anger because I understand I have no right, because I understand this is not true. Doctor A answered me that I was not loved by my parents through my childhood and now that I grew up I think that other people do not love me. During another appointment on the year 1976 I said doctor A that during an orthopedic surgery in my arm – I had informed doctor A that I was going to do this surgery-my heart stopped beating. Blood pressure zero. The doctors made me 2 injections for my heart begins to beat again. Doctor A looked at me indifferently like the stop beating of my heart had nothing to do with my psychological problem. As it was something totally accidentally. One day I watched to the movie the film cuckoo's nest. A doctor of the hospital made a prefrontal lobotomy to a patient because she thought he was very dangerous. After 2-3 weeks I saw the movie I had a fear that doctor A will make a lobotomy to me. I was sitting in my room, in my house and I was waiting for the nurse to come with the ambulance and take me by force and get me to a hospital where I was going to have a lobotomy. And against the nurse and the doctors I felt I could not protect myself at all. It was not only the thought but the feeling. Terror! I said that to doctor A when I met him and the doctor A answered me if my fear was not that he make a lobotomy to me but if I fear that he was going to cut my penis! During another appointment I said to doctor A that he has done a wrong therapy, and I felt his therapy like he had blown up my heart with dynamite! I told doctor A that under all my symptoms which he described me, there is a common cause, a common factor! I was complaining about wrong therapy and I said doctor A that if I was in his position and made such a wrong therapy, I would tear to pieces my doctor's diploma and I was going to open a grocery store instead. I also told doctor A to go and look after himself to one of his colleagues. During an appointment doctor A asked me which I think is the cause of my aggression. I answered him that I feel this strong anger, which I do not express except to my family, my father mainly; I use my anger always as a defense of mine. Doctor A during the very last appointment with me told me that he was going to go to N. America to do his master's degree. With doctor A I had done 3.5 years of therapy, over 120 appointments. I asked then the doctor A to recommend me a doctor to continue my therapy. Doctor A recommended me 2 doctors, doctor B and doctor D, neurologists-psychiatrists.

After 1 week I visited doctor B to his office. It was the year 1977. I was collapsed. With doctor B I made only 1 appointment. During my appointment with doctor B, I told doctor B that I am afraid that he was going to make a lobotomy to me. I also told to doctor B that doctor A has done a wrong therapy and I added that I believe I can be perfectly well! I also told to doctor B that during an orthopedic surgery in my arm my heart stopped beating.

During this appointment doctor B asked me <does it happen to you there you are walking down to Athens <to freeze from fear?>. Exactly doctor was my answer! Doctor B told me that he could not continue the therapy with me because he was a psychiatrist for children. I asked doctor B to recommend me another doctor because I felt that doctor B had understood my health problem. Doctor B recommended me a doctor, I call him doctor C. With doctor C I made 18 appointments. I said to doctor C that I am afraid that he would make a lobotomy to me. Doctor C answered me that this is psychosis and he told me that in order a lobotomy to take place the patient himself must sign a paper. I said to doctor C that I feel my heart is bleeding. Doctor C answered me that my heart –my soul– has been injured through my childhood. I replied doctor C that the bleeding of my heart, of my soul has to do with today, with now! I complained to doctor C that doctor A has done a wrong therapy and I asked him to be objective in his diagnosis and therapy. I also said to doctor C that my heart beat so fast that I am afraid, my heart will get out of my chest and then I will show my heart to him to tell me where he see my aggression. I also said to doctor C I feel a sense of guilt for my father and I think I make my father, upset, distressed, unhappy etc. I also said to doctor C that I believe I can be perfectly well. I was forced to quit – after 18 appointments – the <therapy> with doctor C because very simply I could not see any therapy at all. After I quit with doctor C, I visited the pathologist and I told him that doctor A has made a wrong therapy.

The pathologist seemed a little upset. He recommended me a neurologist-psychiatrist, the one he had recommended me doctor A, and he told me that this doctor D is very strong. With doctor D I made 17 appointments. I continued to crawl from strong anxiety, from fear and depression. I said doctor D for my fear about the lobotomy and that doctor A has done a wrong therapy. During an appointment I told doctor D that I am afraid that me, myself will accuse me, myself for aggression. I told doctor D that one day that I was sitting in my room, in my house by myself; I called in a slow voice my father <animal>. And I felt that this word <animal> as it went out of my mouth it made a semi-circular and it directed to my heart, as the <animal> was I, myself. During another appointment as doctor D tried to explain, the <why> of a symptom of mine, made such a wrong analysis that I felt he was driving me crazy. Instead doctor D to reduce my anxiety and fear on the opposite he raised my anxiety and fear. I was forced after 17 appointments to quit my therapy, because doctor D continued the wrong therapy even worst. Then doctor D accused me that I am paranoid personality, that I have borderline disorders according to Kornberg that I have anxiety and phobia, that I am compulsive personality, and that is why I quit his therapy, because I wanted to have full control of my therapy. In few words it was not the fault of doctor D that he continued the wrong therapy, even worst, that I quit his therapy but it was my fault! He put the blame on me that was all his therapy about. Doctor D <asked for the

change>. My father got sick from cancer when he was 70 years old by the year 1981. I had 2 lessons to pass in order to graduate from University of Piraeus that time. I decided to go to the army for my army service. My father had a colonel friend by that time in Athens. During my basic training in the army, infantry for 2 months I was doing well. Later during my training to become a user of wireless I felt strong anxiety, depression, weakness and I could not do my duty as a soldier. I asked for a delay in my army service for health reasons. At that time my father's friend had become a general 2 stars. After 5-6 months I took the delay from my army service my father died from cancer. Everything blackened inside me. I collapsed. I dropped to bed. I did not go out of my house. My uncle found me a doctor, a neurologist-psychiatrist. I call this doctor, doctor E. When I visited doctor E at his office I told him that I was afraid the military police and the police. Doctor E prescribed me medicine about 7-8 drugs all of them antipsychotic. I saw doctor E once every 3 months to prescribe me medicine. Many drugs and all of them antipsychotic. Doctor E did not understand anxiety of mine, fear and depression, no emotional problem at all. And that for a decade, for 10 years from 1982-1992. Unbelievable! During my visits to his office he changed his antipsychotic drugs with other antipsychotic drugs and that lasted for a decade 1982-1992. Doctor E told me that the cause of my health problem was that I lost my father's support. According doctor E the cause of my problem was the death of my father. The only thing he succeeded doctor E with his antipsychotic drugs was to clear my mind from fearful thoughts, fear of lobotomy. I was graduated from University of Piraeus and I served the army during the year 1984-1985 office, guard, labor. My uncle then take me to the Hellenic Bank where he was working −now my uncle was a pensioner− in order to get a work as a Bank employee. I was so much <dropped> emotionally from the too many medicine and only antipsychotic from doctor E that I had a difficulty, even to say my name to the manager of the Bank. The manager told me that I could work in the Bank, as a junior clerk in the beginning and soon I will become an employee. My answer was no, I cannot become a junior clerk. The real reason was my strong anxiety, fear and depression. Few months later my uncle found me a work in a Company SA at the accounting dept. It was the year 1987. I worked in that Company for 4 years. Later in the year 1991 I found a better work in another Company SA where I worked for 2 years. During the year 1992 I began to tell to doctor E for my strong anxiety, phobia, depression. During an afternoon I was waiting in the sitting room, to see doctor E, I read a medicine magazine. There it was! The word agoraphobia! I told doctor E that anxiety, agoraphobia and depression was my problem that my <emotion has frozen>. I also told doctor E about my wrong therapy I had with different doctors in the past. From 1992 doctor E begun to prescribe me little by little antidepressant and anxiolytic medicine. It was too late! From 1973-1982 I was without medicine for a decade, and from 1982-1992 only with

56

antipsychotic drugs another decade! My <emotion had frozen>. During a period of unemployment I found from the newspaper a good Company SA. My position in the Company and my salary were good. I was doing well for a year. Suddenly it came an inspector, committee to the Company. The inspector lasted for about 3 months. I felt strong anxiety, agoraphobia and depression. During that time I had an episode of panic. The son of the businessman was married and he had invited all the personnel of the Company to his marriage and after to a dinner. My nervous system had weakened so much from the anxiety, agoraphobia and depression that I left the church before the marriage was over. I stood in my position in the Company till August when the Company closed for the summer holidays of the personnel. Then I called in the telephone doctor E, he was for holidays in his house in the countryside, and I told him that I had an inspector committee in the Company and I have collapsed. The doctor's house in the countryside was 2 hours by car from Athens, he could come to Athens prescribe me medicine and then he could return back to his holidays. I was then for 16 years patient of doctor E. It was the year then 1997. Doctor E recommended me by phone a doctor who happened to be in Athens at that time. I visited the doctor and he prescribed me 1 antidepressant. An aspirin for pneumonia. During September doctor E returned from his holidays to Athens and he prescribed me 3 antipsychotic and 3 antidepressant medicines. In 15 days I became <well >.

But it was late! I had quit from the Company because I could not even walk few steps outside my doorway. With doctor E I stayed for more than 23 years from 1982-2005 till doctor E became a pensioner. I have worked for 10 years in the accounting dept. Of a Company SA. During the year 2004 I gave enlisted examinations for graduates of Universities, and with the 2nd try I succeeded in the University of Athens dept. of Psychology. I have kept it a secret. Only 1-2 friends knew about it. I was graduated from University of Athens dept. Of Psychology the year 2013.During the year 2005 doctor E became a pensioner. Through another pathologist I found a new doctor a neurologist-psychiatrist on the year 2006, I call him doctor F. This doctor is good. He prescribed me 1 more antidepressant to strengthen my emotion. So the therapy I am taking from 2006 till today 2014 is 1 antipsychotic, 2 antidepressants and 1 anxiolytic. That is the Correct Therapy! Doctor F told me that medicine should be given to me from the beginning since I was 19-20 years old. No other word about his colleagues. I see doctor F twice a year just to prescribe me the same medicine. The lobby of the doctors powerful and my right most powerful! C O N C L U S I O N. Let us face reality now. Which is my real health problem. Let us see the symptoms. Fearful, depressive thoughts −Psychosis, a very strong Agoraphobia and a serious depression. A very strong Agoraphobia is my health problem. I see it quite normal when there is an agoraphobic emotion, to cause anxious, fearful thoughts −psychosis. When the emotion is agoraphobic and you stay inside your house, shut in, that causes the depression as well. When you do not go out of your house to enjoy yourself, to do your sports, to go to your University, to go to your work, to have friends, girl-friend I consider that normal to suffer from depression. More specific Agoraphobic syndrome is my health problem with psychotic symptoms and depressive symptoms. Let us see now the vicious circle. Vicious circle is when the cause becomes result, and the result becomes cause etc. My very strong agoraphobia makes me to drop emotionally, the agoraphobia tears to pieces my emotion, my nervous system and the <dropped> emotion the <torn to pieces> nervous system, with <zero defense>, creates agoraphobia. Let us do now some theory about the nervous system. The nervous system has 2 parts. First the autonomous nervous system and second the central nervous system. The autonomous nervous system has 2 parts. The parasympathetic and the sympathetic. The parasympathetic has all the positive feelings, happiness, joy, delight, calm, love etc. On the contrary the sympathetic has all the negative feelings, anxiety, fear, distress, anger, upset, agony etc. Now these 2 systems the parasympathetic and the sympathetic compete each other. When the parasympathetic strengthens, strengthen the positive feelings, the sympathetic weakens, weakens the negative feelings and the opposite it strengthens the sympathetic, the negative feelings strengthen, it weakens the parasympathetic, they weaken the positive feelings. It is called autonomous nervous system because it is not lie under the Will of a man. For example a man cannot say that I want to be happy and automatically he becomes happy. The man cannot say that I do not want to be distressed or I do not want to be afraid and automatically becomes happy and not afraid. My health problem is that the sympathetic strangled, shut in the parasympathetic. The negative feelings anxiety, fear, distress, anger shut in the positive feelings happiness, joy, calm etc. I said before that these 2 systems compete each other. Of course I was borne healthy. The vicious circle was created during my childhood from the behavior of my father. I will tell you later how the vicious circle was created. The only thing I can tell you right now is that how the vicious circle was created during my childhood is very clear, very simple and understandable as it is my health problem today. It is mathematics. I can describe you how the vicious circle was created during my childhood and you will understand it perfectly well in 5 minutes time. From my childhood because of the behavior of my father the sympathetic <dropped> little by little the parasympathetic. Till I became 19 years old my emotion was <alive>. The parasympathetic was <alive>. I had little anxiety and depression but they do not cause particular annoyance. With my friends from primary school, very good pupil, later with my friends from high school, very good student at high school, with our parties, girl-friends, cinemas, café etc. Suddenly when I become 19 years old the vicious circle <closed> and the sympathetic strangled the parasympathetic. A black-out of the parasympathetic is my problem. All my positive feelings disappeared. From 19 years old till now that I am 60 years old only negative feelings I feel anxiety, fear, distress, anger, depression etc. How I survive is a miracle. I stand still and I reached 60 years old thanks to my very good body temperament, to my very strong soul, to my very strong mind, to my very good nervous system and at the end because I was borne to be a psychologist. Anxiety disorders, agoraphobia and depression are very good described in Greek and Foreign books of psychology. The research is and it is unique, the special vicious circle that I have fallen into. Anybody with the same behavior from his father, like my father's behavior, would have fallen at the exactly the same vicious circle. It is mathematics. The question is how many people would survive from such a vicious circle. Very few is the answer, especially if they had the same wrong therapy as I had. Most people would have died at 25-26 years old. All what I asked from the doctors was a strengthening of my emotion, a strengthening of my parasympathetic, to set free my parasympathetic, to set free my positive feelings. And all the doctors did exactly the opposite. They <dropped> my emotion, instead of strengthen it by their wrong therapy. It follows the criticism of the doctors. Let us begin from the pathologist. The pathologist even he did it on purpose he could not find me a worst doctor than doctor A. A young and inexperienced doctor. The pathologist could not find me a neurologist-psychiatrist, manager of general hospital? Now about doctor A. Doctor A had made his diagnosis and therapy before even he could see me. From the referral information from my father and the pathologist. A problematic adolescent with aggression and problems of adaptation etc. Doctor A did not listen to what I was telling him during the appointments, did not see in front of him his patient. He only listen and saw what he wanted to listen and saw, a problematic adolescent, with aggression and adaptation problems. Doctor A <denied> reality, <denied> the real problem of his patient, of mine. There is a word for doctor A from the ancient Greek mythology. Procroustis! A very serious nervous breakdown was my entire problem. The vicious circle <closed> when I became 19 years old. The parasympathetic blackout. The incident was very serious, and the drugs were needed urgently. If the proper medicine had given to me at that time 1 antipsychotic, 2 antidepressants and 1 anxiolytic, when I was 19-20 years old, my recovery from the illness would be too quick! In 6 months I would be fine! My parasympathetic would be free; my positive feelings would be free! My soul would fill up with positive feelings .And what I was going to do then. I would go out of my house and meet my friends from high school, my girl-friends, my sports, my entertainment, the University, my work, <a star>, strong and healthy, as I am in reality. Instead I was sitting in my house and I melted like a candle from anxiety, agoraphobia, depression and weakness. My health problem was and still is very serious and very painful. A neurological problem 100%. With the proper medicine

62

the positive feelings happiness, joy, calm etc. would vanish the negative feelings anxiety, anger, agoraphobia; depression. The medicine would strengthen my nervous system. Healthy, strong and happy. And after 3-4 years of medicine treatment my parasympathetic would set free, the positive feelings happy, joy, calm etc. would have been set free and the doctor could cut the medicine once for all. Healthy a neurological problem 100%, and neurological problems with psychosis are on the top of the pyramid from the view how serious and painful they are! Only medicine I needed; 1 antipsychotic, 2 antidepressants and 1 anxiolytic. Instead of this doctor A named the chat in his room psychotherapy, like we call the Pacific Ocean, Pacific, and it raises 60 ft. waves. The positive feelings happy, joy, calm, self-esteem etc. would strengthen my emotion, my nervous system. On the contrary the negative feelings anxiety, agoraphobia, depression weakens my nervous system; tear to pieces my nervous system. And the torn to pieces nervous system, with its weak defense causes anxiety, agoraphobia and depression. That is my vicious circle. If the positive feelings were set free they would strengthen my nervous system, I would have an excellent nervous system, and the negative feelings would vanish. A strengthen of my parasympathetic, a strengthening of my positive feelings, a strengthening of my emotion with medicine look how good would make to my health. First my fear that the other unknown people on the street, in the bus etc. would laugh at me, would reject me, will be reduced till disappear at all. I am who reject the other unknown people, but not because I feel strong as doctor A assumed during one of his appointments, but because of my emotional weakness <passive avoidance>. Also a strengthening of my positive feelings with medicine, a strengthening of my nervous system would raise my self-esteem. In other words happy! The fear that my father would throw me out of his house would be reduced till disappear at all, and I could also work to earn my living. Happy! The fear that the nurse could come to my house, take me away by force and take me to a hospital to make me a lobotomy would be reduced till disappear and if this thing happened I could throw out of my house the nurse, or call the police to protect me from the nurse and the doctor who was going to make a lobotomy to me. Happy! On the opposite because of my agoraphobia, of my very weak nervous system I think that the other unknown people will laugh at me, will reject me etc. And at the same time because of my very weak emotion, parasympathetic I have no opinion of myself. My self-esteem is very low. With my logic I have opinion of myself but we are talking about emotion. In other words terror! My agoraphobia, my very weak nervous system, my anger, I think that my father will throw me out of his house and at the same time my agoraphobia does not let me to work. I would die from starvation! Terror! My agoraphobia, psychosis make me think that the nurse could come and take me by force to a hospital to make me a lobotomy and at the same time my very weak emotion and my very weak nervous system does not leave me to protect myself. Terror! In other words the medicine would strengthen my parasympathetic, my positive feelings, would strengthen my nervous system and my recovery from the illness would be too quick! In 6 months I would be fine! My agoraphobia is very strong so much that it reaches till my biological death. During my orthopedic surgery in my arm I died by my agoraphobia. My heart stopped beating. Blood pressure zero. So much my agoraphobia <drops> my emotion, till my biological death. I felt the therapy of doctor A like a dynamite that blown to pieces my heart because the wrong therapy of doctor A raised my anxiety and agoraphobia which it torn to pieces my emotion, my nervous system. When I said to doctor D that my heart is bleeding and it has to do with today, now, the agoraphobia makes my heart bleeding, the agoraphobia injures my emotion, and the agoraphobia makes me losing my strength. And the fear of lobotomy? I was afraid that the doctor would destroy my mind, would destroy my strength, because where is a man's strength, in his mind of course. Now because of my agoraphobia, because of my very weak nervous system, I have this strong anger which I do not express it except to my father mainly. I <project> my strong anger to other people, and I think that the other people are angry with me, and because of my very weak nervous system I think I cannot protect myself. I also <project> to other people my distress, my weakness and I think that the other people like my father are very weak, distressed etc. and that causes me a sense of guilt! On the other hand fortunately there is my anger and it raises a bit my emotion, otherwise I had died a long time ago. With the proper medicine that would strengthen my parasympathetic, my positive feelings, my strong anger would vanish, so my nervous weakness, distress etc. symptoms of the sympathetic. As about doctor A he understood my weakness and he <attacked> me! Not to cure my weakness, not to cure my illness and make me recover what kind of a doctor he was, and why he was paid for, but to give me another <push> to <finish> me! It was not the fault because he was young and inexperienced doctor, but his psychopathology! After 3.5 years of therapy, after 120 appointments doctor A understood his wrong diagnosis and therapy, understood my real problem. He did not admit it but on the contrary to his colleagues gave <directions>, disappoint him, depress him, continue the same wrong therapy even worst, reject him, and all these in order not to be <exposed> from his wrong diagnosis and therapy. Doctor A understood that his career would be <destroyed>. And his gang obeyed! If doctor A had made a correct diagnosis and had prescribed the proper medicine from the beginning then he will have made a first class success in his career, me the patient I will be fine, doctor A would make an announcement to a Conference, and he would have made his Ph.D. My health problem for the objective doctor was obvious! Psychosis, anxiety, agoraphobia and depression. I did not need anything else except the medicine. They left me there to <die> even I could be fine with the medicine very quickly! And now doctor E. At last medicine. I could be saved! But doctor E for a decade from 1982-1992 did not understand any anxiety of mine, agoraphobia, depression, no emotional problem, no neurological problem at all! Only psychosis! From 1982-1992 only antipsychotic drugs. Unbelievable! Procroustis! And during 1982 did not drop me in bed the death of my father, but my strong agoraphobia. All doctors distorted reality, distorted my real health problem <on purpose>, except doctor F the last doctor. What nonsense! When during 1992 I begun to tell to doctor E about my anxiety, agoraphobia and depression, doctor E begun to prescribe me, anxiolytic and antidepressant drugs. But it was too LATE! From 1973-1982 I stayed without medicine and from 1982-1992 only with antipsychotic drugs. My very strong agoraphobia went on all these years, for 20 years. My agoraphobia stabilized in my soul. My problem became nuclear in the DNA. The damage in my health became Incurable! The death of my parasympathetic not turn back! E P I L O G U E. And if we make a question. Do doctors do such things? I watched on the TV a short film Hitler's doctors Masters of Life and Death! 8 doctors of Hitler were hanged from the Court of Nuremberg for crimes against humanity. As about obedience there is the Milgram experiment in the University of Yale. What I asked! A strengthen of my emotion! A strengthen of my parasympathetic. To set free my positive feelings happy, joy, calm, self-esteem, etc. A strengthen of my nervous system. TO LIVE! My recovery with the proper medicine would be very quickly! Absolutely well! Because with his emotion a man lives! And my emotion is dead! My parasympathetic Dead!

Αγαπητέ Κύριε,

Αθήνα // 2015

Ας δούμε τώρα πώς ο φαύλος κύκλος δημιουργήθηκε κατά την παιδική μου ηλικία. Η συμπεριφορά του πατέρα μου δημιούργησε τον φαύλο κύκλο. Ο πατέρας μου με έδερνε σχεδόν καθημερινά από μικρό παιδί. Εάν ήταν μόνον αυτό τίποτα απολύτως τίποτα δεν θα είχε συμβεί. Υγιής! Αλλά υπήρχε και μια άλλη συμπεριφορά του πατέρα μου. Αφού ο πατέρας μου με είχε δείρει, συνήθιζε να πηγαίνει και να ξαπλώνει στο κρεββάτι του και με κατηγορούσε ότι επειδή δεν διάβαζα τα μαθήματα μου ή επειδή ήμουν ζωηρός τον αρρώσταινα, τον διέλυα σε κομμάτια. Ο πατέρας μου υποκρινότανε το θύμα, ζητούσε και τα ρέστα..... Ο συνδυασμός αυτών των δύο συμπεριφορών του πατέρα μου δημιούργησε τον φαύλο κύκλο. Πώς αισθάνεται ένα παιδί όταν έχει δαρθεί; Δυστυχισμένο, στενοχωρημένο, διαλυμένο σε κομμάτια. Έτσι λοιπόν ή κατηγορία του πατέρα μου έβγαινε <αληθινή>! Πρόβαλλα την δυστυχία μου, την στεναχώρια μου, γιατί προηγουμένως είχα δαρθεί από τον πατέρα μου και <πίστευα> ότι ο πατέρας μου ήταν δυστυχής, στεναχωρημένος κλπ. Και η μητέρα μου είχε προφορική επιθετικότητα εναντίον μου. Η μητέρα μου με κατηγορούσε επίσης ότι επειδή δεν διάβαζα τα μαθήματα μου ή ότι επειδή ήμουν πολύ ζωηρός αρρώσταινα τον πατέρα μου. Έτσι λοιπόν δημιουργήθηκε ο φαύλος κύκλος. Αυτή η συμπεριφορά από τον πατέρα μου άρχισε από την προσχολική μου ηλικία και συνεχίστηκε καθ' όλη την διάρκεια του δημοτικού σχολείου. Το αυτόνομο νευρικό σύστημα. Το συμπαθητικό <έριχνε> το παρασυμπαθητικό. Και όταν έγινα 19 ετών, ο φαύλος κύκλος ξαφνικά <έκλεισε>! Το συμπαθητικό <στραγγάλισε> το παρασυμπαθητικό! Το παρασυμπαθητικό νέκρωσε. Ό φαύλος κύκλος είναι. Το συμπαθητικό <ρίχνει> το παρασυμπαθητικό. Τα αρνητικά συναισθήματα άγχος, αγοραφοβία <ρίχνουν> τα θετικά συναισθήματα ευτυχία, χαρά, ηρεμία κλπ.. Το συμπαθητικό, τα αρνητικά συναισθήματα άγχος, αγοραφοβία, στεναχώρια αδυνατίζουν πάρα πολύ το κεντρικό νευρικό σύστημα, διαλύουν το κεντρικό νευρικό σύστημα. Και το πολύ αδύναμο κεντρικό νευρικό σύστημα, το διαλυμένο σε κομμάτια κεντρικό μου νευρικό σύστημα με την πολύ χαμηλή άμυνα δημιουργεί άγχος, αγοραφοβία κλπ.. Ένας πολύ ισχυρός νευρικός κλονισμός. Τι χρειαζόμουνα όταν ο φαύλος κύκλος ξαφνικά <έκλεισε> όταν έγινα 19 ετών; Χρειαζόμουνα φάρμακα και η ανάρρωση μου από την αρρώστια θα ήταν ταχύτατη! Τελείως καλά!!! Σε ένα χρονικό διάστημα 6 μηνών! Και κατά την διάρκεια 2-3 χρόνων φαρμακοθεραπείας το παρασυμπαθητικό θα απελευθερωνόταν, τα θετικά συναισθήματα ευτυχία, χαρά, ηρεμία, αυτοεκτίμηση θα δυνάμωναν το κεντρικό

70

νευρικό σύστημα και δεν θα χρειαζόμουνα φάρμακα ποτέ ξανά! Τελείως καλά!

Dear Professor,

Scientific Research

from: **Kostas Asimakopoulos** <bee.konstantin@gmail.com>

to: gdowney <gdowney@psych.columbia.edu>

date: Mon, Nov 11, 2013 at 10:12 AM

subject: Scientific Research

mailed-by: gmail.com

Dear Professor,
I am 58 years old.I have graduated from University of Piraeus and I have a degree in business administration.I have worked for several years in the accounting dpt of a Company SA.
I have also graduated from University of Athens and I have a degree in psychology.I have done a scientific research on psychopathology and psychophysiology which I like to discuss it with you.
Please,answer my e-mail if you are interested.
Yours truly,
Konstantinos Asimakopoulos

Scientific Research

from: **Kostas Asimakopoulos** <bee.konstantin@gmail.com>

to: ian gotlib <ian.gotlib@stanford.edu>

date: Mon, Nov 11, 2013 at 10:32 AM

subject: Scientific Research

mailed-by: gmail.com

Dear Professor,
I am 58 years old.I have graduated from University
of Piraeus and I have a degree in business administration.I
have worked for several years in the accounting dpt of a
Company SA.
I have also graduated from University of Athens and I have a
degree in psychology.I have done a scientific research on
psychopathology and psychophysiology which I like to
discuss it with you.
Please,answer my e-mail if you are interested.
Yours truly,
Konstantinos Asimakopoulos

Scientific Research

from: **Kostas Asimakopoulos** <bee.konstantin@gmail.com>

to: ronald comer <comer@princeton.edu>

date: Mon, Nov 11, 2013 at 10:50 AM

subject: Scientific Research

mailed-by: gmail.com

Dear Professor,
I am 58 years old.I have graduated from University of
Piraeus and I have a degree in business administration.I
have worked for several years in the accounting dpt of a
Company SA.
I have also graduated from University of Athens and I have a
degree in psychology.I have done a scientific research on
psychopathology and psychophysiology which I like to
discuss it with you.
Please,answer my e-mail if you are interested.
Yours truly,
Konstantinos Asimakopoulos

Scientific Research

from: **Kostas Asimakopoulos** <bee.konstantin@gmail.com>

to: gdowney <gdowney@psych.columbia.edu>

date: Mon, Nov 25, 2013 at 10:48 AM

subject: Scientific Research

mailed-by: gmail.com

Reminder about my e-mail on 11/11/2013.
Dear Professor,
My scientific research will not be a large one.About 12-13 pages all.In 6 e-mails my scientific research will be finished.It is important.
Yours truly,
Konstantinos Asimakopoulos

Scientific Research

from: **Kostas Asimakopoulos** <bee.konstantin@gmail.com>

to: ian gotlib <ian.gotlib@stanford.edu>

date: Mon, Nov 25, 2013 at 10:57 AM

subject: Scientific Research

mailed-by: gmail.com

Reminder about my e-mail on 11/11/2013.
Dear Professor,
My scientific research will not be a large one.About 12-13
pages all.In 6 e-mails my scientific research will be finished.It
is important.
Yours truly,
Konstantinos Asimakopoulos

Scientific Research

from: **Kostas Asimakopoulos** <bee.konstantin@gmail.com>

to: ronald comer <comer@princeton.edu>

date: Mon, Nov 25, 2013 at 11:05 AM

subject: Scientific Research

mailed-by: gmail.com

Reminder about my e-mail on 11/11/2013.
Dear Professor,
My scientific research will not be a large one.About 12-13 pages all.In 6 e-mails my scientific research will be finished.It is important.
Yours truly,
Konstantinos Asimakopoulos

Scientific Research

from: **Kostas Asimakopoulos** <bee.konstantin@gmail.com>

to: gdowney <gdowney@psych.columbia.edu>

date: Mon, Jan 13, 2014 at 10:41 AM

subject: Scientific Research

mailed-by: gmail.com

An essay on psychopathology.
The architecture of the nervous system.
Dear Professor,
The problem is psychosis,agoraphobia and depression.
Yours truly,
Konstantinos Asimakopoulos

Scientific Research

from: **Kostas Asimakopoulos** <bee.konstantin@gmail.com>

to: ian gotlib <ian.gotlib@stanford.edu>

date: Mon, Jan 13, 2014 at 10:48 AM

subject: Scientific Research

mailed-by: gmail.com

An essay on psychopathology.
The architecture of the nervous system.
Dear Professor,
The problem is psychosis,agoraphobia and depression.
Yours truly,
Konstantinos Asimakopoulos

Scientific Research

from: **Kostas Asimakopoulos** <bee.konstantin@gmail.com>

to: ronald comer <comer@princeton.edu>

date: Mon, Jan 13, 2014 at 10:54 AM

subject: Scientific Research

mailed-by: gmail.com

An essay on psychopathology.
The architecture of the nervous system.
Dear Professor,
The problem is psychosis,agoraphobia and depression.
Yours truly,
Konstantinos Asimakopoulos

Scientific Research

from: **Kostas Asimakopoulos** <bee.konstantin@gmail.com>

to: gdowney <gdowney@psych.columbia.edu>

date: Sun, Feb 16, 2014 at 10:21 AM

subject: Scientific Research

mailed-by: gmail.com

Reminder about my Scientific Research.
Dear Professor,
This is my No 4 e-mail that I am sending you about my Scientific Research.My first e-mail was on 11/11/2013.
Professor,I was not going to bother you if my Scientific Research was not important.
Please,I am waiting for your answer to send you my Scientific Research.
Yours truly,
Konstantinos Asimakopoulos

Scientific Research

from: **Kostas Asimakopoulos** <bee.konstantin@gmail.com>

to: ian gotlib <ian.gotlib@stanford.edu>

date: Sun, Feb 16, 2014 at 10:33 AM

subject: Scientific Research

mailed-by: gmail.com

Reminder about my Scientific Research.
Dear Professor,
This is my No 4 e-mail that I am sending you about my
Scientific Research.
My first e-mail was on 11/11/2013.
Professor,I was not going to bother you if my Scientific
Research was not important.
Please,I am waiting for your answer to send you my
Scientific Research.
Yours truly,
Konstantinos Asimakopoulos

Scientific Research

from: **Kostas Asimakopoulos** <bee.konstantin@gmail.com>

to: ronald comer <comer@princeton.edu>

date: Sun, Feb 16, 2014 at 10:44 AM

subject: Scientific Research

mailed-by: gmail.com

Reminder about my Scientific Research.
Dear Professor,
This is my No 4 e-mail that I am sending you about my
Scientific Research.My first e-mail was on 11/11/2013.
Professor, I was not going to bother you if my Scientific
Research was not important.
Please, I am waiting for your answer to send you my
Scientific Research.
Yours truly,
Konstantinos Asimakopoulos

Scientific Research

from: **Kostas Asimakopoulos** <bee.konstantin@gmail.com>

to: gdowney <gdowney@psych.columbia.edu>

date: Mon, Mar 17, 2014 at 10:45 AM

subject: Scientific Research

mailed-by: gmail.com

Reminder about my Scientific Research.
Dear Professor,
This is my fifth e-mail I am sending you about my Scientific Research during the last 5 months.
Professor,I think you will miss something if you do not study my Scientific Research.It is important.
Yours truly,
Konstantinos Asimakopoulos

Scientific Research

from: **Kostas Asimakopoulos** <bee.konstantin@gmail.com>

to: ian gotlib <ian.gotlib@stanford.edu>

date: Mon, Mar 17, 2014 at 10:55 AM

subject: Scientific Research

mailed-by: gmail.com

Reminder about my Scientific Research.
Dear Professor,
This is my fifth e-mail I am sending you about my Scientific Research during the last 5 months.
Professor,I think you will miss something if you do not study my Scientific Research.It is important.
Yours truly,
Konstantinos Asimakopoulos

Scientific Research

from: **Kostas Asimakopoulos** <bee.konstantin@gmail.com>

to: ronald comer <comer@princeton.edu>

date: Mon, Mar 17, 2014 at 11:03 AM

subject: Scientific Research

mailed-by: gmail.com

Reminder about my Scientific Research.
Dear Professor,
This is my fifth e-mail I am sending you about my Scientific Research during the last 5 months.
Professor,I think you will miss something if you do not study my Scientific Research.It is important.
Yours truly,
Konstantinos Asimakopoulos

Scientific Research

from: **Kostas Asimakopoulos** <bee.konstantin@gmail.com>

to: David Bannerman <david.bannerman@psy.ox.ac.uk>

date: Wed, Sep 17, 2014 at 10:22 AM

subject: Scientific Research

mailed-by: gmail.com

Dear Professor ,
I am 60 years old . I have graduated from University of Piraeus and I have a degree in business administration. I have worked for several years in the accounting dpt. of a Company S.A. I have also graduated from University of Athens and I have a degree in psychology .I have done a scientific research on psychopathology and psychophysiology which I like to discuss it with you.
An essay on psychopathology.
The architecture of the nervous system.
The problem is psychosis,agoraphobia and depression.
My scientific research has two parts. a) The problem as it is , which is unique. b)The treatment I received from several doctors ,which is unique too.
Please,answer my e-mail if you are interested.
Yours sincerely,
Konstantinos Asimakopoulos.

Scientific Research

from: **Kostas Asimakopoulos** <bee.konstantin@gmail.com>

to: Frédérique Camus <ed3c@snv.jussieu.fr>

date: Wed, Sep 17, 2014 at 10:47 AM

subject: Scientific Research

mailed-by: gmail.com

Dear Professor,
I am 60 years old. I have graduated from University of
Piraeus and I have a degree in business administration. I
have worked for several years in the accounting dpt. of a
Company S.A. I have also graduated from University of
Athens and I have a degree in psychology.I have done a
scientific research on psychopathology and
psychophysiology which I like to discuss it with you.
An essay on psychopathology.
The architecture of the nervous system.
The problem is psychosis,agoraphobia and depression.
My scientific research has two parts.a) The problem as it
is,which is unique. b) The treatment I received from several
doctors,which is unique too.
Please ,answer my e-mail if you are interested.
Yours sincerely,
Konstantinos Asimakopoulos.

Scientific Research

from: **Kostas Asimakopoulos** <bee.konstantin@gmail.com>

to: David Bannerman <david.bannerman@psy.ox.ac.uk>

date: Mon, Oct 6, 2014 at 10:13 AM

subject: Scientific Research

mailed-by: gmail.com

Dear Professor ,
This is a reminder of my e-mail on 17/9/2014 about my scientific research . Please , answer my e-mail to send you my scientific research .
It is important .
Yours sincerely ,
Konstantinos Asimakopoulos

Scientific Research

from: **Kostas Asimakopoulos** <bee.konstantin@gmail.com>

to: Frédérique Camus <ed3c@snv.jussieu.fr>

date: Mon, Oct 6, 2014 at 10:20 AM

subject: Scientific Research

mailed-by: gmail.com

Dear Professor ,
This is a reminder of my e-mail on 17/9/2014 about my
scientific research .Please , answer my e-mail to send you
my scientific research .
It is important .
Yours sincerely ,
Konstantinos Asimakopoulos

Scientific Research

from: **Kostas Asimakopoulos** <bee.konstantin@gmail.com>

to: David Bannerman <david.bannerman@psy.ox.ac.uk>

date: Sun, Nov 2, 2014 at 10:44 AM

subject: Scientific Research

mailed-by: gmail.com

Dear Professor,
Reminder.
This is my third e-mail I am sending you about my scientific research. My first e-mail was on 17/9/2014.
Professor my scientific research is not a large one, 9 pages all.
I think you will miss something if you do not study my scientific research.
It is important.
Yours sincerely,
Konstantinos Asimakopoulos

Scientific Research

from: **Kostas Asimakopoulos** <bee.konstantin@gmail.com>

to: Frédérique Camus <ed3c@snv.jussieu.fr>

date: Sun, Nov 2, 2014 at 10:53 AM

subject: Scientific Research

mailed-by: gmail.com

Dear Professor,
Reminder.
This is my third e-mail I am sending you about my scientific research.
My first e-mail was on 17/9/2014.
Professor my scientific research is not a large one, 9 pages all.
I think you will miss something if you do not study my scientific research.
It is important.
Yours sincerely,
Konstantinos Asimakopoulos

Scientific Research

from: **Kostas Asimakopoulos** <bee.konstantin@gmail.com>

to: dominik bach <dominik.bach@uzh.ch>, hakan fischer <hakan.fischer@psychology.su.se>

date: Sun, Nov 9, 2014 at 11:59 AM

subject: Scientific Research

mailed-by: gmail.com

Dear Professor,
I am 60 years old. I have graduated from University of Piraeus and I have a degree in business administration.I have worked for several years in the accounting dpt. of a Company S.A. I have also graduated from University of Athens and I have a degree in psychology. I have done a scientific research on psychopathology and psychophysiology which I like to discuss it with you.
An essay on psychopathology.
The architecture of the nervous system.
The problem is psychosis, agoraphobia and depression.
My scientific research has two parts. a) The problem itself, which is unique. b) The treatment I received from several doctors, which is unique too.
Please, answer my e-mail if you are interested.
Yours sincerely,
Konstantinos Asimakopoulos.

Scientific Research

from: **Kostas Asimakopoulos** <bee.konstantin@gmail.com>

to: David Bannerman <david.bannerman@psy.ox.ac.uk>

date: Sun, Nov 23, 2014 at 11:02 AM

subject: Scientific Research

mailed-by: gmail.com

Reminder.
Dear Professor,
This is my fourth e-mail I am sending you about my scientific research during the last 3 months.
Professor, my scientific research is mathematics, simple and clear, 9 pages all. A neurological problem.
It is unique. The problem itself, psychosis, agoraphobia and depression and the treatment from several doctors too.
My scientific research is an excellent work.
Yours sincerely,
Konstantinos Asimakopoulos.

Scientific Research

from: **Kostas Asimakopoulos** <bee.konstantin@gmail.com>

to: Frédérique Camus <ed3c@snv.jussieu.fr>

date: Sun, Nov 23, 2014 at 11:15 AM

subject: Scientific Research

mailed-by: gmail.com

Reminder.
Dear Professor,
This is my fourth e-mail I am sending you about my scientific research during the last 3 months.
Professor, my scientific research is mathematics, simple and clear, 9 pages all. A neurological problem.
It is unique. The problem itself, psychosis, agoraphobia and depression and the treatment from several doctors too.
My scientific research is an excellent work.
Yours sincerely,
Konstantinos Asimakopoulos.

Scientific Research

from: **Kostas Asimakopoulos** <bee.konstantin@gmail.com>

to: dominik bach <dominik.bach@uzh.ch>, hakan fischer <hakan.fischer@psychology.su.se>

date: Sun, Nov 23, 2014 at 11:23 AM

subject: Scientific Research

mailed-by: gmail.com

Dear Professor,
This is a reminder of my e-mail on 9/11/2014 about my scientific research.
Please, answer my e-mail to send you my scientific research.
It is important.
Yours sincerely,
Konstantinos Asimakopoulos.

Scientific Research

from: **Kostas Asimakopoulos** <bee.konstantin@gmail.com>

to: dominik bach <dominik.bach@uzh.ch>,
hakan fischer
<hakan.fischer@psychology.su.se>

date: Sun, Dec 7, 2014 at 10:19 AM

subject: Scientific Research

mailed-by: gmail.com

Dear Professor,
Reminder.
This is my third e-mail I am sending you about my scientific research.
My first e-mail was on 9/11/2014.
Professor, my scientific research is not a large one, 9 pages all.
I think you will miss something if you do not study my scientific research.
It is important.
Yours sincerely,
Konstantinos Asimakopoulos.

Dear, Kostas,

Thanks for your emails. Sorry for the late respons.
There has not been any attachment in any of the

mails so I have not seen the 9-page research proposal you are referring to below.

Are you asking for potential collaboration or what was the purpose of these mails?

Kind Regards/Håkan

--

Håkan Fischer, Ph.D.
Professor, Chair Human Biological Psychology
Department of Psychology
Stockholm University
Frescati Hagväg 14
106 91 Stockholm, Sweden
Phone: +46 8 16 23 57
E-mail: hakan.fischer@psychology.su.se
http://w3.psychology.su.se/staff/hkfi/indexeng.html

Scientific Research

from: **Kostas Asimakopoulos** <bee.konstantin@gmail.com>

to: hakan fischer
<hakan.fischer@psychology.su.se>

date: Mon, Dec 8, 2014 at 3:00 PM

subject: Scientific Research

mailed-by: gmail.com

WORD - Orange.doxc - 36kb

Dear Professor,
I just have sent you my scientific research.
The purpose of my scientific research - if you think that it is
worthy- I personally believe that it is an excellent work, is to
win the Grants and Awards from yours University.
Yours sincerely,
Konstantinos Asimakopoulos.

Scientific Research

from: **Kostas Asimakopoulos** <bee.konstantin@gmail.com>

to: hakan fischer <hakan.fischer@psychology.su.se>

date: Mon, Jan 5, 2015 at 9:38 AM

subject: Scientific Research

mailed-by: gmail.com

Dear Professor, Hakan Fischer,
I wish you a Happy 2015.
Do you have any news about my scientific research?
How do you estimate my scientific research?
Yours truly,
Konstantinos Asimakopoulos.

Dear Kostas,

even though you proposed scientific research is interesting it is outside of the scope of the research in my group and I do not have any funding for this. I suggest you contact another researcher regarding your research proposal.

Kind regards/Håkan

Scientific Research

from: **Kostas Asimakopoulos** <bee.konstantin@gmail.com>

to: hakan fischer
<hakan.fischer@psychology.su.se>

date: Thu, Jan 8, 2015 at 9:10 AM

subject: Scientific Research

mailed-by: gmail.com

Dear Professor, Hakan Fischer,
Can you recommend me one of your colleagues who might
be interesting in my scientific research?
Yours truly,
Konstantinos Asimakopoulos

ΑΘΗΝΑΙ 2015

Αγαπητοί Κύριοι,

Η Διαπολιτισμική μου Έρευνα έγινε!

Απέστειλα μηνύματα σε 3 Αμερικάνικα πανεπιστήμια και 4 Ευρωπαϊκά για την Επιστημονική μου Έρευνα προκειμένου να αξιολογηθεί και να κερδίσω το Βραβείο. Τα 3 Αμερικάνικα πανεπιστήμια κρατήσανε Σιωπή! Τα 3 Ευρωπαϊκά πανεπιστήμια κρατήσανε Σιωπή! Καταλάβανε πολύ καλά, φυσικά! Το τελευταίο Ευρωπαϊκό πανεπιστημίου, το πανεπιστήμιο της Στοκχόλμης απάντησε στο μήνυμά μου και ο Σουηδός καθηγητής μου ζήτησε να του αποστείλω την Ερευνητική μου εργασία και επίσης με ερώτησε ποιος ήταν ο σκοπός μου πού του στέλνω την ερευνητική μου εργασία. Απάντησα στον Σουηδό καθηγητή ότι ο σκοπός μου ήταν να κερδίσω το Βραβείο από το πανεπιστήμιό του. Απέστειλα την Ερευνητική μου εργασία στις 8 Δεκεμβρίου του 2014 στο πανεπιστήμιο της Στοκχόλμης και μετά 1 μήνα στις 7 Ιανουαρίου του 2015 ρώτησα τον Σουηδό καθηγητή πώς αξιολογεί το 9σέλιδο επιστημονική μου έρευνα. Μία ώρα μελέτη όλο και όλο. Η απάντηση του Σουηδού καθηγητή Hakan Fischer - διευθυντού βιολογικής ψυχολογίας- ήταν ότι η ερευνητική μου εργασία ήταν ενδιαφέρουσα αλλά ήταν εκτός πεδίου της ερευνητικής του ομάδας. Με άλλες λέξεις δεν ήταν της αρμοδιότητας του. Και όταν ερώτησα τον καθηγητή Hakan Fischer να μου συστήσει ένα από τους συναδέρφους του πού θα ενδιαφερόταν για την ερευνητική μου εργασία δεν έλαβα καμία απάντηση από αυτόν. Ιδρύματα Έρευνας όλα και τα 7 πανεπιστήμια. 3 Αμερικάνικα και 4 Ευρωπαϊκά πανεπιστήμια! 5 αστέρων πανεπιστήμια όλα! Εμένα θα μου πεις........ Τέτοια ερευνητική εργασία μία κάθε 50 χρόνια! Λυπάμαι πού το λέγω αλλά υπάρχει αναξιοκρατία παντού! Ήτανε όλοι τους <μικροί>!

ΑΘΗΝΑΙ 2014

Αγαπητοί Κύριοι,

Τον Οκτώβριο του 2014 επισκέφθηκα ένα δικηγόρο στο γραφείο του. Σέ 15 λεπτά του είπα την υπόθεση και του έδωσα την 15σέλιδη μου κατάθεση να την μελετήσει και να μου δώσει την γνώμη του. Επίσης του έδωσα ένα αντίγραφο της 15σέλιδης μου κατάθεσης να την δώσει στον αδερφό του πού ήταν ένας καλός δικηγόρος επίσης. Η κόρη του δικηγόρου ήταν δικηγόρος επίσης. Έτσι έχουμε 3 δικηγόρους. Ὁ δικηγόρος μου απάντησε ότι θα μελετήσει την 15σέλιδη κατάθεση μου και θα μου δώσει την γνώμη του. Μετά από 1 μήνα πήρα τον δικηγόρο στο τηλέφωνο και του ζήτησα να μου δώσει την γνώμη του. Ὁ δικηγόρος μου απάντησε ότι χρειάζεται χρόνο και να του τηλεφωνήσω μετά τις διακοπές των Χριστουγέννων. Έτσι στις 7 Ιανουαρίου του 2015 κάλεσα τον δικηγόρο στο τηλέφωνο. Ὁ δικηγόρος μου απάντησε ότι μελέτησε την 15σέλιδη καταθέσει μου 2 και 3 φορές και ότι αυτοί οι γιατροί είναι εγκληματίες και προσέθεσε ότι υπάρχουν 2 λύσεις. Ἡ πρώτη λύση είναι να πάμε δικαστικώς. Το δικαστήριο θα κρατήσει 10 χρόνια. Θα γινόταν αστικό δικαστήριο, ποινικό δικαστήριο, Εφετείο, καμμιά αναίρεση κλπ.. Ἡ δεύτερη λύση είναι να δώσω στους γιατρούς ένα φάσκελο και να Γυρίσω Σελίδα! Ο δικηγόρος με ερώτησε ποιος είναι ο μέσος όρος ζωής ενός ανθρώπου. Του απάντησα 80-85 ετών. Ο δικηγόρος μου είπε ότι είμαι ήδη 60 ετών και 10 χρόνια ακόμα πού θα κρατήσει το δικαστήριο μέχρι να φθάσει στην τελική του απόφαση θα έχω γίνει 70 ετών. Όταν ρώτησα τον δικηγόρο ποια ήταν η συμβουλή του μου απάντησε να δώσω στους γιατρούς ένα φάσκελο και να Γυρίσω Σελίδα! Ήταν εύκολο να το πει κανένας …..φυσικά!!! Πριν τηλεφωνήσω στον δικηγόρο, υπέθετα ότι το δικαστήριο θα κρατήσει 1-2 χρόνια το πολύ. 10 χρόνια είναι πάρα πολύς χρόνος! Έτσι ευχήθηκα στον δικηγόρο ευτυχισμένος ο καινούργιος χρόνος και ακολούθησα τη συμβουλή του να Γυρίσω Σελίδα!

Όρκος του Ιπποκράτη

Ορκίζομαι στο θεό Απόλλωνα τον ιατρό και στο
θεό Ασκληπιό και στην Υγεία και στην Πανάκεια και
επικαλούμενος τη μαρτυρία όλων των θεών ότι θα
εκτελέσω κατά τη δύναμη και την κρίση μου τον όρκο
αυτόν και τη συμφωνία αυτή.

Να θεωρώ τον διδάσκαλό μου της ιατρικής τέχνης ίσο με
τους γονείς μου και την κοινωνό του βίου μου. Και όταν
χρειάζεται χρήματα να μοιράζομαι μαζί του τα δικά μου.
Να θεωρώ την οικογένειά του αδέλφια μου και να τους
διδάσκω αυτήν την τέχνη αν θέλουν να την μάθουν χωρίς
δίδακτρα ή άλλη συμφωνία.

Να μεταδίδω τους κανόνες ηθικής, την προφορική
διδασκαλία και όλες τις άλλες ιατρικές γνώσεις στους
γιους μου, στους γιους του δασκάλου μου και στους
εγγεγραμμένους μαθητές που πήραν τον ιατρικό όρκο,
αλλά σε κανέναν άλλο.

Θα χρησιμοποιώ τη θεραπεία για να βοηθήσω τους
ασθενείς κατά τη δύναμη και την κρίση μου, αλλά ποτέ
για να βλάψω ή να αδικήσω. Ούτε θα δίνω θανατηφόρο
φάρμακο σε κάποιον που θα μου το ζητήσει, ούτε θα του
κάνω μια τέτοια υπόδειξη.

Παρομοίως, δεν θα εμπιστευτώ σε έγκυο μέσο που
προκαλεί έκτρωση. Θα διατηρώ αγνή και άσπιλη και τη
ζωή και την τέχνη μου. Δεν θα χρησιμοποιώ νυστέρι ούτε

σε αυτούς που πάσχουν από λιθίαση, αλλά θα παραχωρώ την εργασία αυτή στους ειδικούς της τέχνης.

Σε όσα σπίτια πηγαίνω, θα μπαίνω για να βοηθήσω τους ασθενείς και θα απέχω από οποιαδήποτε εσκεμμένη βλάβη και φθορά, και ιδίως από γενετήσιες πράξεις με άνδρες και γυναίκες, ελεύθερους και δούλους. Και όσα τυχόν βλέπω ή ακούω κατά τη διάρκεια της θεραπείας ή και πέρα από τις επαγγελματικές μου ασχολίες στην καθημερινή μου ζωή, αυτά που δεν πρέπει να μαθευτούν παραέξω δεν θα τα κοινοποιώ, θεωρώντας τα θέματα αυτά μυστικά.

Αν τηρώ τον όρκο αυτό και δεν τον παραβώ, ας χαίρω πάντοτε υπολήψεως ανάμεσα στους ανθρώπους για τη ζωή και για την τέχνη μου. Αν όμως τον παραβώ και επιορκήσω, ας πάθω τα αντίθετα.

ΣΥΜΠΛΗΡΩΜΑΤΙΚΑ

Date 31 / December / 2015

ΠΑΡΑΡΤΗΜΑ

Scientific Research

from: **Kostas Asimakopoulos** <bee.konstantin@gmail.com>

to: Aaron Fisher <afisher@berkeley.edu>,
Jutta Joormann <jutta.joormann@yale.edu>

date: Sat, Apr 25, 2015 at 11:30 AM

subject: Scientific Research

mailed-by: gmail.com

Dear Professor,
I am 60 years old. I have graduated from University of Piraeus and I have a degree on Business administration. I have worked for several years in the accounting dpt. of a Company SA. I have also graduated from University of Athens and I have a degree in Psychology. I have done a scientific research on psychopathology and psychophysiology which I would like to discuss it with you. Please, answer my e-mail if you are interested.
Yours sincerely,
Konstantinos Asimakopoulos

Scientific Research

from: **Kostas Asimakopoulos** <bee.konstantin@gmail.com>

to: Aaron Fisher <afisher@berkeley.edu>,
Jutta Joormann <jutta.joormann@yale.edu>

date: Sat, May 2, 2015 at 10:25 AM

subject: Scientific Research

mailed-by: gmail.com

Reminder.
Dear Professor,
This is my second e-mail I am sending you about my scientific research.
This is what my scientific research is about.
An essay on psychopathology.
The architecture of the nervous system.
The problem is psychosis, agoraphobia and depression.
Please answer my e-mail in order to send you my scientific research. It is 9 pages all. It is unique and it is important.
Yours sincerely,
Konstantinos Asimakopoulos.

Hi Konstantinos,

Unfortunately, as a relatively new assistant professor, my plate is overfull with establishing my own research program.

Best regards,
Aaron Fisher

--
Aaron J. Fisher, Ph.D.
Assistant Professor of Psychology
University of California, Berkeley
3431 Tolman Hall
Berkeley, CA. 94720
Ph: (510) 642-8615

Scientific Research

from: **Kostas Asimakopoulos** <bee.konstantin@gmail.com>

to: Aaron Fisher <afisher@berkeley.edu>

date: Mon, May 4, 2015 at 11:06 AM

subject: Scientific Research

mailed-by: gmail.com

WORD – Orange.docx – 36kb

Dear Professor,
There is a great opportunity to establish your research program. My Scientific Research. It is unique, it is important, an excellent work.
Such a Scientific Research one every 30 years. 9 pages all.
Yours sincerely,
Konstantinos Asimakopoulos.

Please stop emailing me.

--
Aaron J. Fisher, Ph.D.
Assistant Professor of Psychology
University of California, Berkeley
3431 Tolman Hall
Berkeley, CA. 94720
Ph: (510) 642-8615

Scientific Research

from: **Kostas Asimakopoulos** <bee.konstantin@gmail.com>

to: Jutta Joormann <jutta.joormann@yale.edu>

date: Tue, May 5, 2015 at 10:21 AM

subject: Scientific Research

mailed-by: gmail.com

Reminder.
Dear Professor,
This is my third e-mail I am sending you about my scientific research. It is an applied scientific research. 9 pages all.
It is unique, it is important, an excellent work.
Yours sincerely,
Konstantinos Asimakopoulos.

rom: **Joormann, Jutta** <jutta.joormann@yale.edu>

to: Kostas Asimakopoulos <bee.konstantin@gmail.com>

date: Tue, May 5, 2015 at 3:07 PM

I apologize but I am too busy currently to read it

Sent from my iPad

Scientific Research

from: **Kostas Asimakopoulos** <bee.konstantin@gmail.com>

to: Jutta Joormann <jutta.joormann@yale.edu>

date: Tue, May 5, 2015 at 5:29 PM

subject: Scientific Research

mailed-by: gmail.com

WORD – Orange.docx – 36kb

Dear Professor,
Please take your time to read it. I am not in a hurry.
If I receive your answer during June 2015, I will be very glad.
Yours sincerely,
Konstantinos Asimakopoulos.

Scientific Research

from: **Kostas Asimakopoulos** <bee.konstantin@gmail.com>

to: Jutta Joormann <jutta.joormann@yale.edu>

date: Wed, May 27, 2015 at 8:52 PM

subject: Scientific Research

mailed-by: gmail.com

Reminder.
Dear Professor,
I have sent you my scientific research since 5/5/2015, 9 pages all.
How do you estimate my scientific research?
Yours sincerely,
Konstantinos Asimakopoulos

Scientific Research

from: **Kostas Asimakopoulos** <bee.konstantin@gmail.com>

to: Jutta Joormann <jutta.joormann@yale.edu>

date: Tue, Jun 2, 2015 at 10:51 AM

subject: Scientific Research

mailed-by: gmail.com

Reminder.
Dear Professor,
I have sent you my scientific research since 5/5/2015, 9 pages all.
How do you estimate my scientific research?
Yours sincerely,
Konstantinos Asimakopoulos

Kostas, do you know Håkan Fischer?

from: **Kostas Asimakopoulos** <bee.konstantin@gmail.com>

to: Google+ <noreply-cd28a45@plus.google.com>

date: Wed, Jun 10, 2015 at 3:55 AM

subject: Re: Kostas, do you know Håkan Fischer?

mailed-by: gmail.com

Hello, Professor Hakan Fischer. I still believe that my scientific research is unique, is important, an excellent work! I should only correct the word struggled on page 6 and 7 with the right word strangled!
Yours sincerely,
Kostas Asimakopoulos.

Gmail: Καλημέρα

Ευγενιε, μεθαυριο Παρασκευη θα παω στα ΕΛΤΑ και θα στειλω το γραμμα μου συστημενο, Reminder, στο ECHR, ετσι θα έχω τελειωσει! 5 Αμερικανικα πανεπιστημια και 4 Ευρωπαικα! Εστειλα το scientific research 9 σελιδες σε 2 Αμερικανικα πανεπιστημια και 1 Ευρωπαικο, σε οσους μου απαντησανε.Σκοπος μου ηταν να κατοχυρωσω την ερευνητικη μου εργασια και να κερδισω το Prize! Μεχρι 30 Ιουνιου θα εχει φανει αν καποιο απο αυτα τα 3 πανεπιστημια θα ενδιαφερθει.Η απαντηση απο το ECHR μπορει να αργηση λιγο ακομα. Θα σου δωσω ενα παραδειγμα με τι ερευνητικες εργασιες ασχολουνται τα πανεπιστημια! Το ακουσα στο ραδιοφωνο! Εγινε ερευνητικη εργασια σε μεγαλο ευρωπαικο πανεπιστημιο και απεδειχθη οτι οσοι ανδρες ζουν κοντα σε αεροδρομια και θορυβωδεις λεωφορους τεινουν να κανουν μεγαλη κοιλια!!! Το καθηκον μου απεναντι στο εαυτον μου και στην κοινωνια το εκανα πληρως! Απο εδω και περα Lambada!
Φιλικα,
Κωστας

Scientific Research

from: **Kostas Asimakopoulos** \<bee.konstantin@gmail.com\>

to: Håkan Fischer
\<hakan.fischer@psychology.su.se\>

date: Fri, Jun 26, 2015 at 1:20 AM

subject: Scientific Research

mailed-by: gmail.com

Hello, Professor. All that I asked is that my scientific
research to be judged objectively!
Yours sincerely,
Kostas Asimakopoulos

Ευρωπαϊκό Δικαστήριο

OF HUMAN RIGHTS – STRASBOURG

Date22   /June   / 2015

Reminder.

Dear Sir,

I have sent you since 14/4/2015 my letter BARCODE RE 248680223 GR , my book <The Perjurer>, 32 pages all.

I have not yet received your answer.

My address is   Zakinthinou 12 Papagou P.C. 15669 Athens, Greece.

E-mail bee.konstantin@gmail.com

Yours sincerely,

Konstantinos Asimakopoulos

Mr Konstantinos ASIMAKOPOULOS
Zakinthinou 12
PAPAGOU
GR- 156 69 ATHENS
GREECE

ECHR-LGre0.1
PV/cab

Στρασβούργο, 3 Ιουλίου 2015

Κύριε,

Έλαβα την επιστολή σας της 22 Ιουνίου 2015.

Σας ευχαριστώ για την καλοσύνη που είχατε να μας αποστείλετε το βιβλίο σας «The Perjurer ».

Με εκτίμηση,
Για τον Γραμματέα

Παναγιώτης Βογιατζής
Référendaire

EUROPEAN COURT OF HUMAN RIGHTS
COUNCIL OF EUROPE
67075 STRASBOURG CEDEX
FRANCE

COUNCIL OF EUROPE
CONSEIL DE L'EUROPE

COUR EUROPÉENNE DES DROITS DE L'HOMME
CONSEIL DE L'EUROPE
67075 STRASBOURG CEDEX
FRANCE

Επίλογος

31/Δεκεμβρίου/2015.

Γιατί δεν έγινε το Δικαστήριο;

Οι επόμενοι 4 παράγοντες ήταν καθοριστικοί για να μην γίνει το Δικαστήριο. Όταν τον Ιανουάριο του 2015 πήρα στο τηλέφωνο τον δικηγόρο για να τον ερωτήσω ποια ήταν η γνώμη του για το 15σέλιδο κείμενο μου κατάθεση προς τον Εισαγγελέα, εκείνος μου απάντησε με τελεσίγραφο, 10 χρόνια δικαστικός αγώνας θα χρειαστεί, διαφορετικά δώσε στους 15 γιατρούς ένα φάσκελο και γύρισε σελίδα. Τα 10 χρόνια δικαστικός αγώνας με αιφνιδίασαν. Περίμενα πριν πάρω τον δικηγόρο στο τηλέφωνο, το δικαστήριο να διαρκέσει 2-3 χρόνια το πολύ. 10 χρόνια δικαστικός αγώνας είναι πάρα πολύς χρόνος. Επίσης την ίδια μέρα πριν πάρω τον δικηγόρο στο τηλέφωνο, μου απάντησε με e-mail ο Σουηδός καθηγητής για το 9σέλιδο scientific research που του είχα αποστείλει. <None of my business> ήταν η απάντηση του Σουηδού καθηγητή. Τρίτος παράγοντας ήταν ότι στις 25 Ιανουαρίου θα γινόντουσαν βουλευτικές εκλογές και στις δημοσκοπήσεις προηγείτο σταθερά ο Σύριζα, αριστερή κυβέρνηση στην Ελλάδα με τον Τσίπρα, δηλαδή σκοταδισμός. Εάν ο δικηγόρος στο τηλέφωνο που τον πήρα δεν μου είχε δώσει τελεσίγραφο αλλά για

122

παράδειγμα μου είχε απαντήσει, πέρνα Κώστα από το γραφείο μου να το συζητήσουμε, να δούμε τι καλλίτερο μπορεί να γίνει με την υπόθεση σου, 10 χρόνια δικαστικός αγώνας είναι πάρα πολλά για να το αποφασίσουμε με ένα τηλέφωνο! Εάν ο Σουηδός καθηγητής είχε φανεί θετικός στο scientific research, ήθελε να το συζητήσει και υπήρχαν βάσιμες ελπίδες να κατοχυρώσω την ερευνητική μου εργασία και να κερδίσω το Prize και εάν η κυβέρνηση στην Ελλάδα ήταν φιλοευρωπαϊκή, φιλελεύθερη, δημοκρατική και όχι σκοταδισμός όπως η αριστερή κυβέρνηση Τσίπρα, όχι και οι 3 ανωτέρω παράγοντες μαζί, 1 μόνον από τους 3 παράγοντες να ήταν θετικός θα το έπαιρνα απόφαση να κάνω 10 χρόνια δικαστικό αγώνα και να τον κερδίσω!!! Επίσης ας μην ξεχνάμε ότι και ο $16^{ος}$ γιατρός, το μη χείρον βέλτιστον, που τον έβλεπα 2 φορές τον χρόνο για 5 λεπτά, ίσα-ίσα, να μου γράψει φάρμακα, αντιγραφή, δεν του έπαιρνες κουβέντα από το στόμα του για τους <συναδέρφους> του και για την λάθος διάγνωση και <θεραπεία> που είχα υποστεί. Καθ' όλη τη διάρκεια του 2015 ήμουν αποφασισμένος εάν 1 από τους ανωτέρω 4 παράγοντες μου έδινε θετική ενίσχυση για παράδειγμα εάν κέρδιζα το Prize από πανεπιστήμιο του εξωτερικού να πήγαινα στον αδερφό του δικηγόρου, δικηγόρος και αυτός καριέρας και να του έλεγα 10 χρόνια δικαστήριο, 10 χρόνια! Θα το κάνω και θα το κερδίσω!!! Θα γελάσει ο κάθε πικραμένος! Και μην ξεχνάμε το διαλυμένο μου ΚΝΣ! Ημίθεος. Ναι ήταν Revolutionary Science, αλλά δεν μίλαγα σε ψιλικατζήδες, σε επιστήμονες μίλαγα γιατρούς, δικηγόρους, καθηγητές ψυχολογίας ξένων πανεπιστημίων. Ο καθωσπρεπισμός τους και η υποκρισία τους. Δάσκαλε που δίδασκες και νόμον δεν εκράτεις! Δεν μπορούσανε και δεν θέλανε να δεχθούν την Αλήθεια. Ο όμοιος τον ομοίον του υποστηρίζει! Δεν εξετάζανε ποιος έλεγε την Αλήθεια, ποιος είχε Δίκαιο, αλλά το πώς θα καλύψει ο ένας τον άλλον, να μην εκτεθούν οι <εκλεκτοί> συνάδερφοι οι γιατροί. Όσο για τον ασθενή, εμένα δηλαδή, ας τον να πεθάνει να γλυτώσουμε από αυτό τον μπελά, που απειλεί να γκρεμίσει το Ιατρικό Κατεστημένο. Διαφθορά και Διαπλοκή μέχρι το κόκκαλο και μέσα στην Ελλάδα και το εξωτερικό σε Ευρώπη και Β. Αμερική. Κάνανε και αυτοί τις εκλογικεύσεις τους επίσης!!!

Αγαπητέ Κύριε,

Επίλογος

Ημερομ. 31/12/2015.

Τον Σεπτέμβριο του 2015 επισκέφθηκα τον γιατρό για να μου συνταγογραφήσει τα φάρμακα μου. Του ζήτησα να μου συνταγογραφήσει εκτός από κανονικά φάρμακα και το φάρμακο neurobion. Η neurobion είναι βιταμίνη B η οποία δυναμώνει το ΚΝΣ. Είχα ακούσει για αυτήν από ένα φίλο μου. Έτσι τα καλά νέα! Neurobion η βιταμίνη B σε συνδυασμό με τα άλλα φάρμακα έκανε την διαφορά! Μέσα σε 2 μήνες δυνάμωσε το νευρικό μου σύστημα κατά 10%. Ήταν μια καλή αρχή!

Αισθανόμουνα ακόμη πολύ αδύναμος αλλά αρκετά καλλίτερα. Αυτό ζητούσα! Αισθανόμουνα καλλίτερα αν και ακόμα πολύ αδύναμος!

126

Η ΠΛΗΡΗΣ ΑΠΟΚΩΔΙΚΟΠΟΙΗΣΗ ΤΟΥ ΑΝΘΡΩΠΙΝΟΥ DNA ΑΠΟ ΤΟΝ HOMOSAPIENS ΜΕΧΡΙ ΤΗΝ ΑΙΩΝΙΟΤΗΤΑ ΑΠΟ ΤΗΝ ΣΚΟΠΙΑ ΤΗΣ ΕΠΙΣΤΗΜΗΣ ΤΗΣ ΨΥΧΟΛΟΓΙΑΣ.

Ημερομ. 31/ Δεκεμβρίου/ 2015

ΑΥΤΗ Η ΙΣΤΟΡΙΑ ΘΑ ΜΠΟΡΟΥΣΕ ΝΑ ΕΧΕΙ ΣΥΜΒΕΙ ΣΕ ΟΠΟΙΑΔΗΠΟΤΕ ΧΩΡΑ.

Κ. Ασημακόπουλος

«Τιμή σ' εκείνους όπου στη
ζωή των
ώρισαν και φυλάγουν
Θερμοπύλας»

(Κ. Καβάφης)

ΣΥΝΟΨΗ

Φεβρουάριος 2016

Αγαπητέ Αναγνώστη,

Το Βιβλίο μου "Οι Επίορκοι" είναι βιβλίο
Ψυχολογίας.

Το περιεχόμενο του έχει κεφάλαια στην ελληνική
γλώσσα και στην αγγλική. Περιγράφει όλο μου τον
αγώνα επί 30 χρόνια και πλέον από το 1973 έως το
2005 κατά του προβλήματος της υγείας μου αυτού
καθαυτού και τον αγώνα μου κατά 15 γιατρών και
της λάθος διάγνωσης τους και "θεραπείας" τους. Ο
ένας γιατρός "κάλυπτε" τον άλλον για να μην
εκτεθούν οι "εκλεκτοί" συνάδερφοι! Το λόμπι των
γιατρών στην χειρότερη μορφή του! Στο τέλος μετά
40 χρόνια έφθασα μόνος μου στη σωστή διάγνωση,
στον φαύλο κύκλο και στη σωστή θεραπεία!

Made in the USA
Middletown, DE
17 January 2022

58816994R00073